2023年湖北省普通高校人文社科重点研究基地大别山旅游经济与文化研究中心开放基金项目“文旅融合背景下黄冈大别山区乡村旅游高质量发展路径研究”（项目编号 202304904）

湖北省教育厅哲学社会科学研究项目“基于田园综合体的湖北省乡村康养旅游新业态开发研究”（项目编号 22Q203）

乡村振兴之道：文旅融合与新质生产力的实践

胡潇敏 著

九州出版社
JIUZHOUPRESS

图书在版编目（CIP）数据

乡村振兴之道 ： 文旅融合与新质生产力的实践 / 胡潇敏著. -- 北京 ： 九州出版社， 2025.2. -- ISBN 978-7-5225-3653-8

Ⅰ. F592.3

中国国家版本馆 CIP 数据核字第 2025GV9374 号

乡村振兴之道：文旅融合与新质生产力的实践

作　　者　胡潇敏　著
责任编辑　云岩涛
出版发行　九州出版社
地　　址　北京市西城区阜外大街甲 35 号（100037）
发行电话　(010)68992190/3/5/6
网　　址　www.jiuzhoupress.com
印　　刷　定州启航印刷有限公司
开　　本　710 毫米 ×1000 毫米　　16 开
印　　张　13.75
字　　数　200 千字
版　　次　2025 年 2 月第 1 版
印　　次　2025 年 6 月第 1 次印刷
书　　号　ISBN 978-7-5225-3653-8
定　　价　88.00 元

PREFACE

前言

在经济全球化的大潮中，乡村振兴战略的提出和实施，不仅是中国响应新时代发展需求的重要举措，也是全球范围内推动农村可持续发展的共同课题。本书旨在深入探讨和系统阐述文旅融合与新质生产力在乡村振兴中的作用与实践路径。

乡村振兴不仅仅是一个经济问题，更是一个涉及文化、社会、生态等多方面的系统工程。在经济全球化的浪潮中，乡村面临着前所未有的机遇与挑战。一方面，经济全球化的信息流动和资本流动为乡村带来了先进的技术和管理经验；另一方面，本土化的乡村振兴又必须根植于自身的文化土壤，保持其独特性和多样性。因此，如何在经济全球化与本土化之间找到平衡点，成为乡村振兴必须面对的重要课题。

文旅融合作为乡村振兴的重要路径之一，其核心在于通过文化与旅游的深度融合，挖掘乡村的文化资源，提升乡村的旅游品质，进而促进乡村经济的多元化发展。文旅融合不仅能够带动乡村经济的增长，更重要的是能够激活乡村的文化基因，增强乡村的文化自信，为乡村的可持续发展提供强大的精神动力。

新质生产力作为推动社会进步的重要力量，在乡村振兴中的作用不可忽视。新质生产力以科技创新为核心，通过引入新技术、新模式、新业态，推动乡村产业结构的优化升级，提高乡村生产效率和竞争力。同时，新质生产力注重人力资本的培养和生态环境的保护，为乡村的可持续发展奠定了坚实的基础。

本书在内容结构上，第一章绪论为本研究奠定了基础，首先剖析了乡村振兴的全球与本土语境，揭示了在全球化背景下乡村振兴的国际趋势和本土化实践中的现状与挑战。同时，通过国际比较与借鉴，为我国的乡村振兴提供了更广阔的视野。继而引入了文旅融合与新质生产力的概念，并探讨了它们在乡村振兴中的内在逻辑和作用机制。最后，明确了研究的目的、问题与方法论框架，为全书的深入研究奠定了基础。第二章文旅融合与乡村振兴的基础理论，深入探讨了文旅融合的理论基础和乡村振兴战略的理论支撑，分析了文化产业与旅游产业的融合理论，明晰了文旅产业的概念，并从多维度解读了乡村振兴战略的政策背景与理论依据。此外，探讨了文旅融合与乡村振兴之间的内在联系，分析了文旅融合如何推动乡村振兴，以及在此过程中所面临的机遇与挑战。第三章乡村振兴与新质生产力的协同发展，着重探讨了新质生产力的构成要素与特征，以及新质生产力赋能乡村振兴中的要素机制，还提出了乡村振兴中新质生产力的协同发展路径，包括普及乡村数字基础设施、升级乡村传统产业、发展乡村新产业和培育乡村新型人才。第四章乡村振兴中的文旅融合路径，系统分析了乡村振兴背景下的文旅融合路径，并提出了乡村文旅融合发展的内在逻辑和多元发展路径。第五章新质生产力推动下的乡村旅游创新，探讨了乡村旅游的发展趋势与新机遇，并分析了新质生产力在乡村旅游中的应用和乡村旅游产品开发，以及创新实践中的挑战与应对策略。第六章文旅融合下的乡村文化传承与创新，分析了乡村文化传承的重要性与挑战，并探讨了文旅融合背景下的乡村文化创新，乡村文化传承与创新的平衡艺术，以及文化资源可持续利用的路径研究。第七章文旅新质生产力的实践路径，深入探讨了文旅新质生产力的内涵、理论逻辑、面临的困境和实践路径。第八章乡村振兴与文旅融合的实证研究，通过实证研究，分析了乡村振兴与文旅融合的耦合关系、乡村旅游地发展与乡村振兴的关系，以及乡村振兴背景下的农户旅游生计。第九章阐释了新质生产力的绿色发展内涵，并探讨了新质生产力绿色发展的实践路径。第十章乡村振兴的根本目标：共同富裕，探讨了乡村振兴与共同富裕的关系、逻辑机理、面临的困境和推动共同富裕的路径。

本书通过深入的理论分析和实证研究，不仅为乡村振兴的实践者提供了理论指导和实践参考，也为政策制定者提供了决策支持。希望本书可以为乡村振兴、文旅融合和新质生产力研究提供参考。在撰写本书的过程中，著者力求做到理论与实践相结合，以期为读者呈现一个全面、系统、深入的乡村振兴理论与实践相结合的研究视角。同时，著者深感乡村振兴这一宏大课题的深远意义和复杂性，尽管已竭尽全力以确保研究的全面性和深度，但受限于个人视野，书中的观点和论述难免存在不足之处，衷心希望读者能够提出宝贵的意见和建议，以促进学界对乡村振兴、文旅融合和新质生产力领域的进一步思考和探索。

CONTENTS

目录

第一章　绪　论

第一节　乡村振兴的全球与本土语境

在经济全球化和本土化的共同作用下，乡村振兴不仅是国内发展的重要议题，也受到了国际社会的广泛关注。本节将从经济全球化背景下的乡村振兴、本土化乡村振兴的现状与挑战，以及乡村振兴的国际比较与借鉴三个方面进行深入探讨。

一、经济全球化背景下的乡村振兴

在经济全球化纵深发展的时代背景下，乡村振兴战略已突破传统地域局限，演变为全球可持续发展议程的核心实践场域。根据世界银行《2023 年可持续发展报告》数据，全球 78% 的发展中国家将乡村发展纳入国家战略优先项，其中中国通过“产业融合 – 价值链升级”双轮驱动模式，实现了农产品出口额年均增长 9.2%（海关总署《2023 年农产品贸易统计年鉴》）。在制度创新方面，2023 年中央一号文件《关于全面推进乡村振兴重点工作的意见》明确将 60% 的财政资金用于产业导向性配置，催生 9 万家规上农产品加工企业（农业农村部《2023 年全国乡村产业发展报告》），形成“跨境电商 + 产业集群”的新型全球化参与路径。在技术赋能维度，联合国粮农组织《2024 年数字农业评估报告》

指出，中国“数字千村”计划使农村数字经济渗透率达 38.5%，物联网技术应用使农业生产效率提升 27%。在要素流动方面，国家乡村振兴局《2023 年劳动力转移监测报告》显示，3396.9 万脱贫劳动力的跨省流动构建了“技能积累—资本回流—创业带动”的良性循环，推动农村居民可支配收入增速（7.6%）首次超越城镇居民（国家统计局《2023 年国民经济和社会发展统计公报》）。这些实践印证了全球化背景下“制度创新—技术扩散—要素重组”的三元互动机制，为破解全球城乡发展不平衡提供了中国方案。

二、本土化乡村振兴的现状与挑战

近年来，中国政府在乡村振兴方面取得了显著成果。据中国社会科学院农村发展研究所发布的《农村绿皮书：中国农村经济形势分析与预测（2023 ～ 2024）》中的数据显示，中国农村地区的人均收入增长速度已达到 7.6%，连续两年超过城镇居民的增长速度，其中城镇居民的增长速度为 4.8%。农村居民人均可支配收入实际增速比城镇居民高 2.8 个百分点。具体而言，2023 年农村居民人均可支配收入 21691 元，实际增长 7.6%，涨幅比上年提高 3.4 个百分点。

本土化推进乡村振兴仍面临诸多挑战。广州大学乡村振兴研究院研究显示，尽管农村地区经济发展迅速，但仍存在农民积极性不足、乡村振兴缺乏内生动力等问题。为了应对这些挑战，我国正积极推动文旅融合与新质生产力的发展。党的二十大报告指出要“全面推进乡村振兴”，强调“扎实推动乡村产业、人才、文化、生态、组织振兴”。2023 年 5 月，文化和旅游部办公厅和农业农村部办公厅联合印发《乡村文化和旅游带头人支持项目实施方案（2023—2025 年）》，提出“从 2023 年至 2025 年，每年培养支持 500 名左右的全国乡村文化和旅游带头人，各省级文化和旅游、农业农村部门根据实际情况培养支持一定数量的省级乡村文化和旅游带头人”。经文化和旅游部数据中心测算，2023 年春节假期全国国内旅游出游 3.08 亿人次，同比增长 23.1%。实现国内旅游收入 3758.43 亿元，同比增长 30%。演出、展览、灯会和乡村“村晚”等活动精彩纷呈。87 个平台的 160 个账号参与直播了《“文艺中国”2023 新春特别节目》，直播观看量 2715.41 万人次。全国共举办群众文化活动约 11 万场，参与人数约 4.73 亿人次。此外，新质生产力，如数字农业、智慧旅游等，在乡村振兴中的应用也日益广泛。这表明，通过文旅融合与新质生产力的有机结合，不仅为乡村经济注入了新的活力，也为实现乡村振兴提供了有力支撑。

三、乡村振兴的国际比较与借鉴

在国际上，一些国家的乡村振兴经验值得我国借鉴。联合国粮食及农业组织（FAO）2022 年发布的《2022 年全球乡村振兴案例研究报告》显示，一些发达国家在乡村振兴方面取得了显著成效，如日本的“一村一品”运动和韩国的“新村运动”。这些国家的成功经验表明，政府引导、社区参与和资源整合是乡村振兴的关键因素。通过借鉴这些经验，并结合中国的实际情况，我国可以进一步推动文旅融合与新质生产力的发展，实现乡村振兴的宏伟目标。在经济全球化和本土化的共同影响下，中国的乡村振兴正面临着前所未有的机遇与挑战。通过整合全球资源、借鉴国际经验以及推动文旅融合与新质生产力的发展，我国有望探索出一条符合本国国情的乡村振兴之道。

第二节　文旅融合与新质生产力的概念引入

一、文旅融合的内涵与外延

（一）文旅融合的内涵

文旅融合作为当前文化产业与旅游产业发展的重要趋势，其内涵丰富且深远。它不仅是文化与旅游两个产业的简单相加，更是两者在理念、内容、形式、技术等多方面的深度融合。这种融合不仅推动了地方经济的转型升级，也为文化传承与创新提供了新的路径。结合最新的学术研究成果，可以看到文旅融合的内涵主要体现在以下几个方面。

1. 文化与旅游相互渗透

文旅融合的首要内涵是文化与旅游的相互渗透。这种渗透体现在多个层面：首先，在内容上，文化元素被广泛应用于旅游产品开发和设计中，为游客提供丰富多样的旅游体验。文旅融合有助于提升旅游产品的文化附加值，增强旅游吸引力。其次，在形式上，文化与旅游的融合推动了旅游产品的创新，如以“文化＋旅游”为主题的综艺节目，展现地方文化，吸引了大量观众。最后，在技术上，文化与旅游的融合推动了旅游产业的数字化、智能化发展，如利用大数据、人工智能等技术提升旅游服务质量和效率。

2. 产业协同与多元化发展

文旅融合促进了文化产业与旅游产业的协同与多元化发展。一方面，文化产业通过旅游实现其市场化和产业化，为文化产业的发展提供了更广阔的市场空间。另一方面，旅游产业通过文化实现其内涵化和品质化，为旅游产业的升级转型提供了动力。文旅融合在推动产业协同与多元化发展方面发挥着重要作用。

3. 文化传承与创新

文旅融合为文化传承与创新提供了新的路径。在文旅融合的过程中，地方传统文化得到了深入挖掘和传承，同时引入了现代元素和技术手段进行创新和发展。这种传承与创新相结合的发展模式，不仅保留了传统文化的精髓，还赋予了其新的时代内涵和表现形式。

4. 社会与经济的协同发展

文旅融合还促进了社会与经济的协同发展。在文旅融合的过程中，政府、企业、居民等各方共同参与，形成了广泛的社会共识和支持。这种协同发展的模式不仅推动了地方经济的繁荣和稳定，还提高了居民的生活质量和文化素养。

综上，本书认为文旅融合是指文化产业与旅游产业在理念、内容、形式、技术等多方面的深度融合，是一种促进文化、旅游、经济、社会等多方面协同发展的综合性战略。这种融合不仅推动了地方经济的转型升级和产业的多元化发展，还为文化传承与创新提供了新的路径。此外，文旅融合还促进了社会与经济的协同发展，提高了居民的生活质量和文化素养。

（二）文旅融合的外延

随着经济全球化的深入推进，文旅融合作为一种新型发展模式，已经逐渐成为推动文化产业和旅游产业共同发展的重要途径。文旅融合的外延，即其在不同领域和层面产生的广泛影响，对于理解文旅融合的战略意义和实践路径具有重要的理论价值和实践意义。本书将从经济、文化、社会等多个维度，对文旅融合的外延进行详细具体的分析。

1. 经济维度的外延

文旅融合在经济维度上的外延主要表现为对区域经济发展的促进作用。通过文旅融合，文化资源和旅游资源得到有效整合和优化配置，形成了具有地方特色的文旅产品和产业体系。这种产业体系的形成，不仅提高了旅游业的附加值和竞争力，也促进了相关产业的协同发展，如交通、餐饮、住宿、购物等产业均得到了显著提升。另外，文旅融合还推动了当地资源的深度开发和利用，为地方经济的可持续发展提供了有力支撑。

2. 文化维度的外延

文旅融合在文化维度上的外延主要表现为对文化传承和创新的推动作用。通过文旅融合，不仅地方文化得到了更好的传承和弘扬，也为外来文化提供了展示和交流的平台。在文旅融合的过程中，各种文化元素相互碰撞、融合，形成了独特的文化景观和文化氛围。这种文化景观和文化氛围的形成，不仅丰富了人们的文化生活，也提高了人们的文化素养和审美水平。此外，文旅融合还推动了文化创意产业的发展，为文化创新提供了更多的可能性和空间。

3. 社会维度的外延

文旅融合在社会维度上的外延主要表现为对民生改善和社会发展的推动作用。通过文旅融合，地方基础设施建设和公共服务水平得到了提升，为当地居民提供了更好的生活条件和更多的就业机会。同时，文旅融合促进了社会文化的繁荣和发展，增强了社会的凝聚力和向心力。此外，文旅融合还推动了生态文明和社会可持续发展，为构建和谐社会提供了有力支撑。

4. 产业维度的外延

文旅融合在产业维度上的外延主要表现为对产业结构的优化和升级。通过文旅融合，传统旅游产业得到了改造和提升，形成了具有地方特色的文旅产业集群。这种产业集群的形成，不仅提高了旅游业的整体竞争力和附加值，也促进了相关产业的协同发展。此外，文旅融合还推动了文化创意产业的发展，为文化产业和旅游产业的深度融合提供了有力支撑。

二、新质生产力的含义及特征

（一）新质生产力的含义

2023 年 9 月，习近平总书记在黑龙江考察时首次提出“新质生产力”，为新时代新征程加快科技创新、推动高质量发展提供了科学指引。2023 年中央经济工作会议再次强调，要以科技创新推动产业创新，特别是以颠覆性技术和前沿技术催生新产业、新模式、新动能，发展新质生产力。新质生产力的含义是多元综合的，它不仅仅是经济增长的新动力，更是引领经济结构转型和社会进步的核心力量。明确这一含义的多维内容，有助于人们深入地理解和把握新质生产力的本质特征。首先，从知识和信息技术的角度来看，新质生产力代表着以数字经济、绿色经济和共享经济为代表的新经济形态。这些新经济形态建立在高度信息化和知识化的基础上，特点是利用先进的科技手段，在提高效率、降低资源消耗和优化经济结构方面发挥重要作用。其次，新质生产力的特质还体现在它的高效性、互联性、智能化和可持续性等方面。这些特质不仅改变了生产方式，也为经济和社会的多层次发展提供可能，如推动环保产业发展、优化能源结构和搭建共享经济平台等。再次，考虑到全要素生产率的提升，新质生产力成为传统生产要素以外的助推器。当劳动力和资本的边际效应有限时，技术创新和新经济模式的发展尤为重要，可以进一步促进经济高质量发展。从次，从生产关系的视角，新质生产力还促成了生产关系的调整。这既包括劳动者对新技能的掌握和适应，也涉及企业组织的革新以及市场规则的更新，使得新质生产力与现代社会发展的需求相适配。最后，新质生产力强调全面协调发展和创新驱动的经济转型。这意味着社会发展不再单一依赖某项或某些生产要素的增加，而是需要全方位的系统创新和结构优化，促进社会生产力的合理配置和有效提升。因此，新质生产力具有多维含义：科技驱动的新经济形态，高效、互联、智能、可持续的生产力特性，全要素生产率的提升来源，生产关系适应性的改进，经济系统的创新驱动。确切地说，新质生产力不单是具体技术或者产业升级，更是系统性经济社会结构的演进。习近平总书记于 2024 年 1 月 31 日在二十届中共中央政治局第十一次集体学习时的讲话将新质生产力的定义进行了总结：概括地说，新质生产力是创新起主导作用，摆脱传统经济增长方式、生产力发展路径，具有高科技、高效能、高质量特征，符合新发展理念的先进生产力质态。它由技术革命性突破、生产要素创新性配置、产业深度转型升级而催生，以劳动者、劳动资料、劳动对象及其优化组合的跃升为基本内涵，以全要素生产率大幅提升为核心标志，特点是创新，关键在质优，本质是先进生产力。

（二）新质生产力的特征

新质生产力作为当下经济社会发展的关键动力，呈现出独特性。首先，科技创新成为新质生产力的显著标志。它不仅推动了技术和工艺的持续进步，更在宏观层面上引领了经济结构与社会发展的转型。科技创新不断催生新的生产工具，从而大幅提升了生产效率，并拓展了生产规模。更为关键的是，科技创新在推动生产流程与模式的创新中，对生产关系进行了优化与调整，进一步促发了体制与机制的革新。其次，改革在新质生产力中扮演着先导性的角色。这种生产力的蓬勃发展，离不开深化改革这一肥沃的土壤条件。改革并不仅限于表面的制度调整，它更深入经济发展模式的根本变革中。通过制度与机制的持续创新，新质生产力得以充分释放其潜在能量，为新的发展格局注入了强大的活力。这种改革的引领作用，主要体现在对不断演进的政策与法规环境的敏锐洞察，以及对市场活力和社会创造力的持续激发。最后，市场需求成为新质生产力的重要导向。这种生产力紧密跟随市场的脉搏，积极响应消费结构的升级以及用户需求的个性化和多样化。通过市场机制的有效调节，新质生产力能够灵活应对经济环境的各种变化，实现资源的高效配置。在推进现代化经济体系的建设征途中，新质生产力以市场需求为指引，推动着生产方式与消费模式的深刻转变，为经济发展注入了更为强劲的新动能。[1] 新质生产力的特征在于其与生产关系、经济基础与上层建筑的紧密互动与相互适应，共同构建了一个更加高效、协调与可持续的经济发展框架。这些特征不仅揭示了新质生产力在新时代经济社会发展中的核心地位，更凸显了其在推动高质量发展中的关键作用。

三、文旅融合与新质生产力赋能乡村振兴的内在逻辑

（一）文旅融合赋能乡村振兴的内在逻辑

党的二十大报告明确指出，要全面推进乡村振兴，并扎实推动乡村在产业、人才、文化、生态和组织等五个方面的振兴。其中，文化被视为乡村振兴的根基与灵魂，因此，在全面推进乡村振兴的进程中，文化的角色不可或缺。然而，当前乡村的文化与旅游发展相对滞后。为了实现乡村振兴，我国应当以文化与旅游的深度融合为重要切入点，在持续巩固拓展脱贫攻坚成果的基础上，努力推动乡村经济与文化的协同发展，从而更好地满足人民日益增长的精神文化需求。在新的时代背景下，将文化与旅游的融合纳入乡村振兴的系统工程中，需要研究者深入探究其理念与实践的内在逻辑，并详细剖析文旅融合如何赋能乡村振兴，及其具体的作用机制和路径选择。

文旅融合对于乡村振兴的赋能，主要体现在将乡村的深厚文化与旅游资源进行深度的双向融合。这种融合不仅能通过文化的吸引力来促进乡村旅游产业的转型升级，也能通过旅游的消费行为来推动乡村文化产业的优化发展。这一过程中释放出的“一业兴、百业旺”的乘数效应，有助于实现乡村高质量发展的新业态和新模式。

首先，文化自信是文旅融合推动乡村振兴的内在驱动力。[2] 文化自信

不仅是乡村振兴的基石，更是乡村内部凝聚力的核心体现。当前，乡村发展动力不足的一个主要原因就是缺乏对乡土文化的足够自信，难以将丰富的乡土文化资源转化为实际的文化资本和社会财富。文化与旅游之间存在着天然的相互依存和共生关系，因此，加强乡村文化与旅游的深度融合是打破乡村发展困境的关键所在。通过深入挖掘乡村的文化资源，可以打造出具有差异化的文旅产品，让村民和游客在文旅消费中真切地感受到乡土文化的独特魅力。这样一来，文旅融合不仅能够增强乡村内部的文化驱动力，还能进一步强化乡村居民的身份认同和文化自信。这不仅可以激发乡村旅游产业的新活力，提升其文旅产品的市场竞争力，为乡村带来可观的经济效益，还能在传统文化与现代文化的交流中塑造出独特的乡村文化形象，从而增强乡村居民的归属感和认同感，将乡村社会建设成为一个充满人情味的精神家园与生活共同体。

其次，产业融合是文旅融合推动乡村振兴的有效手段。在推进方式上，文旅融合与乡村振兴都需要以产业融合为核心，构建起乡村第一、第二、第三产业融合发展的整体格局。值得注意的是，文旅融合并非是对文化和旅游的简单组合，而是要求各类产业组织以文化产业和旅游产业的融合为基石，通过文化、旅游及其相关要素的整合与重组来延伸文旅产业的价值链，实现第一、第二、第三产业之间的深度融合与动态优化。乡村振兴的总体要求包括产业兴旺、生态宜居、乡风文明、治理有效和生活富裕等多个方面，其中产业兴旺被视为关键所在。文旅融合推动乡村振兴的策略应立足乡村的文化底蕴，通过产业聚集、制度创新、技术渗透和功能重组等多种方式，实现资本、人才、技术、信息和生态等要素的高效配置。这将有助于创新发展文旅特色产业，进而驱动乡村一、二、三产业的协同发展。通过这种跨产业的融合发展，可以进一步推动农业供给侧结构性改革，实现乡村产业链供应链生态体系的全面升级。

最后，乡村的高质量发展是文旅融合推动乡村振兴的战略目标。党的二十大报告对高质量发展做出了明确的战略部署，并特别强调要全面推进乡村振兴。在这一过程中，需要以创新为首要动力，因为创新是乡村振兴的重要支撑。通过精心挖掘和利用乡村的文化资源，并通过文旅融合实现其创造性转化和创新性发展，可以有效解决高质量发展过程中动力不足的问题。同时，高质量发展也要求人们注重协调性，推动各类产业的一体化发展和经济、政治、文化、社会和生态文明的全面发展。此外，高质量发展本质上还应是一种绿色的发展方式，乡村振兴自然包含生态振兴的重要方面。因此，应通过生态文旅的深度融合来进一步凸显乡村生态宜居的特色，从而建设一个人与自然和谐共生的美丽乡村。同时，在万物互联的数字化时代背景下，应以更加开放的姿态面向世界，通过文旅融合来加强文明之间的交流与互鉴，拓展乡村发展的认知视野。最终，高质量发展的根本目的应是共享发展成果，通过文旅融合打造多样化的文旅项目，如农家乐、民宿和共享农庄等，从而提高乡村居民的参与积极性，让他们能够共享高品质的富裕生活。这不仅是实现共同富裕的必要条件，也是乡村振兴的终极目标。

（二）新质生产力赋能乡村振兴的内在逻辑

新质生产力是驱动乡村振兴的核心力量，它不仅是实现农业强盛、农村美丽、农民富裕的必由之路，更是以生产力为标准的必然选择。其驱动乡村振兴的内在逻辑在于，通过科技创新的引领作用，以数字经济为关键手段，将创新动力深入传导至乡村产业体系之中。同时，新质生产力强调绿色发展的核心理念，通过推动乡村生产与生活方式的绿色转型，进而影响并提升乡村生态环境系统。此外，新质生产力还注重要素配置的创新性，以更合理的资源分配来促进乡村经济分配的公平性，最终实现农业的高效高质发展、乡村的宜居宜业环境以及农民的共同富裕。

一是新质生产力与乡村产业现代化的推进。[3] 随着科技的迅猛发展，新质生产力以数字技术为驱动力，对传统乡村产业实施了深层次的变革。数字技术的广泛采纳与应用，极大地推动了乡村产业结构的优化与升级过程。这一过程中，不仅传统的农业生产方式得到了改进，还涌现出众多创新的业务模式和商业形态。这些新模式、新业态的出现，为乡村经济的多元化发展注入了强大的动力。进一步来说，新质生产力在推动农业战略性新兴产业和未来产业布局方面发挥了关键作用。通过引导和培育新兴农业产业，新质生产力不仅促进了传统农业向现代农业的转型，还为乡村产业的长期繁荣和可持续发展注入了新的活力。在乡村产业中，新质生产力的应用主要体现在对数字技术的广泛采纳上。数字技术能够精准地监测和调控农业生产过程，提高农业生产的智能化水平，进而提升农业生产效率。数字技术的广泛应用对乡村产业结构产生了深远的影响。传统的农业生产方式往往依赖人力和经验，而数字技术的引入使农业生产更加精准和高效。例如，通过卫星遥感、物联网等技术手段，可以实时监测农作物的生长情况，为农民提供科学的种植建议。这不仅提高了农作物的产量和质量，还降低了农业生产的风险。除了对传统农业的改造，新质生产力还催生了诸多新模式、新业态。例如，农村电商的兴起为农产品销售提供了新的渠道，使农民能够直接将产品销售给消费者，减少了中间环节，提高了农民的收益。同时，乡村旅游、休闲农业等新型业态的发展也为乡村经济带来了新的增长点。在推动农业战略性新兴产业和未来产业布局方面，新质生产力也发挥了重要作用。通过政策引导和资金支持，新兴农业产业得到了快速发展。例如，生物农业、智慧农业等新兴产业的崛起为乡村产业的持续发展注入了新的动力。这些新兴产业不仅具有高科技含量和高附加值，还有助于提升乡村产业的国际竞争力。

二是新质生产力与农业农村绿色发展战略的契合。新质生产力在推动农业农村绿色发展方面展现出显著的优势。它秉持绿色发展的核心理念，大力推广环保、可持续的农业技术和生产方式，从而显著提高了农业农村的绿色生态水平。这种提升不仅体现在农业生产过程中对环境影响的减少，更反映在乡村生活方式向更加环保、健康的绿色模式转变上。例如，通过推广太阳能、风能等清洁能源的使用，减少了乡村地区对传统能源的依赖和碳排放量。此外，新质生产力还倡导绿色消费理念，引导乡村居民形成节约资源、保护环境的良好习惯。新质生产力的绿色发展路径为乡村的可持续发展提供了坚实的支撑。它不仅有助于改善乡村生态环境质量，提高乡村居民的生活品质，还为乡村经济的长期发展奠定了绿色基础。在未来发展中，应继续深化新质生产力在农业农村绿色发展中的应用与推广，努力实现乡村经济、社会和生态环境的全面协调发展。

三是新质生产力对农民生活富裕的促进作用。新质生产力通过优化生产要素配置和提高农业生产效率，为农民开辟了更为广阔的增收途径。具体而言，在提升农民劳动技能方面，新质生产力通过引入现代农业技术和管理模式，使农民得以接触到更为先进的农业生产方法和管理理念。这不仅提高了他们的农业生产技能水平，还增强了他们的市场竞争意识。随着农民技能水平的提升，他们在农业生产中的价值也得到了更好的体现，从而实现了更高的工资性收入。此外，新质生产力还通过推动农业产业升级和融合发展来增加农民的经营性收入和财产性收入。随着农业产业链的延伸和拓展，农民有机会参与到更多的农业生产环节中来，从而获得更为多元化的收入来源。例如，农民可以通过发展农产品加工业、休闲农业等新兴产业来增加经营性收入。同时，随着农村土地流转政策的放宽和农村土地市场的逐步建立，农民还可以通过土地流转等方式获得财产性收入。新质生产力为农民开辟了更为广阔的增收途径，助力他们实现生活的富裕与满足。在未来发展中，相关部门应继续发挥新质生产力的优势作用，不断完善相关政策措施和市场机制，为农民创造更为良好的增收环境和发展机遇。

第三节　研究目的、问题与方法论框架

一、研究目的与意义

（一）研究目的

面对当前社会经济发展的新趋势，乡村振兴战略的实施与文旅融合的推进显得尤为关键。本书旨在深入探讨文旅融合与新质生产力如何助力乡村振兴战略，进而促进区域经济平衡发展，并提升我国文化软实力。具体而言，本书的写作目的体现在以下几个方面：首先，通过系统梳理乡村振兴的全球与本土语境，旨在为乡村振兴战略提供国际视野与本土实践的有机结合。在经济全球化的大背景下，乡村振兴不再是一个孤立的地域性议题，而是与全球经济发展、文化交流紧密相连。因此，本书将借鉴国际上的成功经验，同时结合我国的实际情况，为乡村振兴提供更具前瞻性和可操作性的策略建议。其次，将文旅融合与新质生产力引入乡村振兴的研究视野，旨在揭示这两者之间的内在联系及其对乡村振兴的推动作用。文旅融合不仅能够丰富乡村的文化内涵，提升乡村的旅游吸引力，还能通过旅游业的发展带动乡村经济的增长。新质生产力作为经济转型升级的关键动力，将在乡村振兴中发挥至关重要的作用。通过深入研究这两者的结合点，本书旨在为乡村振兴提供新的思路和路径。最后，通过严谨的实证研究，为政策制定和实践操作提供科学依据。乡村振兴是一个复杂的系统工程，需要政府、企业、社会等多方面的共同努力。本书将通过深入的实证调查和分析，揭示乡村振兴过程中的关键问题和挑战，为政府决策提供参考，为企业投资提供指引，为社会参与提供动力。

（二）研究意义

在当前社会经济发展的新趋势下，乡村振兴战略与文旅融合成了推动区域经济平衡发展、提升国家文化软实力的重要路径。新质生产力的培育则成了经济转型升级与实现可持续发展的关键环节。在此背景下，著者深感对乡村振兴、文旅融合以及新质生产力的研究具有重大的现实意义和深远的历史意义。一是乡村振兴不仅关乎农村经济社会的全面发展，更是实现中华民族伟大复兴中国梦的重要组成部分。通过实施乡村振兴战略，可以有效解决城乡发展不平衡、农村发展不充分的问题，进一步缩小城乡差距，提升农民群众的获得感、幸福感和安全感。文旅融合则是以文化为灵魂，以旅游为载体，实现文化产业与旅游产业的深度融合，从而推动文化产业和旅游产业的协同发展。这种融合不仅能够丰富旅游产品的文化内涵，提升旅游的品质和效益，还能够有效传承和弘扬中华优秀传统文化，增强国家的文化软实力。二是新质生产力代表着先进的生产力发展方向，是推动经济高质量发展的关键力量。它以科技创新为核心，以高素质人才为支撑，以绿色发展为理念，致力提高全要素生产率，推动产业结构优化升级。在乡村振兴与文旅融合的过程中，新质生产力发挥着至关重要的作用。它不仅能够为乡村振兴提供强大的动力支持，还能够推动文旅融合向更高层次、更深领域发展。

因此，将乡村振兴、文旅融合与新质生产力三者有机结合起来进行研究，具有十分重要的理论价值和实践意义。这不仅可以深化业界对乡村振兴战略和文旅融合发展的认识和理解，还可以为新质生产力的培育和发展提供有益的参考和借鉴。同时，这也有助于研究者更好地把握当前社会经济发展的新趋势和新要求，为推动区域经济平衡发展、提升国家文化软实力提供有力的理论支撑和实践指导。

二、研究的主要问题

如前所述，本研究集中探讨以下几个主要问题。

第一，如何在经济全球化背景下理解和定位我国的乡村振兴。在全球经济一体化和文化交流日益频繁的今天，乡村振兴不再是一个孤立的地域性问题，而是与全球发展紧密相连。因此，研究者需要从全球视野出发，探讨乡村振兴的国际经验、教训以及可借鉴的策略，同时结合我国的实际情况，提出切实可行的乡村振兴路径。

第二，文旅融合如何有效推动乡村振兴。文旅融合作为一种新的发展理念，旨在通过文化与旅游的深度融合，推动乡村经济的转型和升级。然而，在实践中，文旅融合面临着诸多挑战，如文化资源挖掘不够深入、旅游产品同质化严重、服务质量不高等。因此，研究者需要深入研究文旅融合的内在机制和实践路径，以期找到推动乡村振兴的有效方法。

第三，新质生产力在乡村振兴中扮演何种角色。新质生产力代表了创新驱动、科技引领的生产力发展方向，是推动经济高质量发展的重要力量。在乡村振兴中，新质生产力如何发挥作用？如何通过培育新质生产力来推动乡村振兴？这些问题值得研究者深入探讨。

第四，如何理解新质生产力就是绿色生产力。新质生产力与绿色生产力的内在联系是一个复杂而深刻的议题，代表了一种以创新为驱动力，以科技进步和知识转化为核心的生产方式。这种生产力的典型特征如何体现在其对资源的高效利用、对环境的友好性以及对经济社会发展模式的可持续性上。

三、研究方法

（一）文献综述法

文献综述是本研究的基础工作，通过系统搜集、整理和分析国内外关于乡村振兴、文旅融合以及新质生产力的相关文献，包括政策文件、学术论文、行业报告等，从而了解该领域的研究现状、发展趋势和存在问题。这有助于研究者明确研究方向，为后续实证研究提供理论支撑。

（二）实证分析法

本书将运用实证分析法，通过收集大量的实际数据，对乡村振兴、文旅融合与新质生产力的关系进行量化分析。具体来说，著者将利用统计学方法、计量经济学模型等工具，探究文旅融合对乡村振兴的推动作用，以及新质生产力在其中的关键作用。这些数据来源于政府统计部门、旅游机构、文化部门等，确保数据的真实性和有效性。

（三）案例研究法

案例研究是本书的重要研究方法之一。著者将选取国内外在乡村振兴、文旅融合与新质生产力方面的典型案例进行深入剖析，了解其成功经验和存在问题。这些案例将包括但不仅限于具有代表性的乡村旅游项目、文化传承创新实践以及新质生产力的应用实例。通过对这些案例的详细分析，可以提炼出具有普遍意义的策略和建议。

（四）比较分析法

在本书中，著者将运用比较分析法，对不同地区、不同类型的乡村振兴与文旅融合实践进行对比分析。通过比较不同模式下的优劣势，发现各种实践中的共性和差异，从而为构建具有普遍意义的乡村振兴可持续发展模式提供借鉴。

（五）跨学科研究法

由于乡村振兴、文旅融合与新质生产力涉及多个学科领域，本书将采用跨学科研究法，综合运用经济学、社会学、文化学、旅游学等多学科知识和方法进行分析。这将有助于研究者更全面、深入地理解乡村振兴的内在逻辑和发展规律。

综上，本书将综合运用文献综述法、实证分析法、案例研究法、比较分析法和跨学科研究法等多种方法进行研究。这些方法相互补充、相互验证，将确保本书研究的全面性、深入性和准确性。通过这些方法的应用，期望能够揭示乡村振兴、文旅融合与新质生产力的内在联系和发展规律，为推动区域经济平衡发展、提升文化软实力提供有益的参考和借鉴。

第二章　文旅融合与乡村振兴的理论基础

第一节　文旅融合的理论基础

一、文化产业与旅游产业的融合理论

产业融合的源起，可追溯至数字技术的兴起及其广泛应用，此变革不仅推动了不同产业的交叉与协同发展，更使产业融合逐渐成为企业战略调整与产业升级的关键趋势。至 20 世纪 80 年代，“数字融合”这一术语在欧美学术界开始流行，为产业融合的理论研究注入了新的内涵。1997 年，欧洲委员会发表了关于电信业、媒体业和信息技术三个产业部门融合的“绿皮书”，更是产业融合研究的重要里程碑。绿皮书详尽地剖析了产业融合对电信、广播电视、出版等信息产业乃至整个社会的深远影响，视其为经济增长与就业的新引擎。同时，绿皮书审慎地指出了市场、技术及政府管制等可能是影响产业融合进程的要素。

进入 21 世纪，产业边界的日渐模糊与各行业壁垒的逐渐消解，使产业融合进程进一步加速，这无疑对组织架构、技术支持等方面提出了更高的要求。国内外学者在产业融合领域取得了显著的研究成果，不仅涵盖产

业融合的含义、动因、过程和政策等多个维度，还涌现了CHESS研究模型、产业融合类型设计等理论框架，为后续研究提供了宝贵的参考。尽管学界对产业融合问题的探讨最初聚焦于信息通信领域，但随着社会的不断发展与变革，其研究范畴已远超信息通信业，涵盖了更广泛的行业与领域。值得注意的是，虽然技术进步被广泛视为产业融合的重要推动力，但在某些特定领域，如旅游与文化的融合中，非技术因素的作用亦不容忽视。

关于产业融合的定义与理解，学界存在多种观点。第一种观点认为，产业融合是发生在产业边界的行为，具体是指由于技术进步、市场需求等因素的影响，产业边界模糊并逐渐消失的过程。产业融合是一个过程，在这个过程中，具有不同技术基础的部门或产业在市场、技术、产品、服务等方面发生交叉、渗透和融合，最终形成新的经济增长点。第二种观点认为，产业融合是指在经济全球化的背景下，基于技术创新、制度创新以及产业之间的关联性，不同产业之间出现交叉、渗透、融合，从而形成新的产业链和价值链，并进一步重构产业组织，改变产业结构，最终实现经济效益的最大化。第三种观点认为，产业融合是信息化时代的一种经济现象，是传统产业经济与现代信息经济的交融，是第二产业与第三产业的融合。第四种观点认为，产业融合是不同产业间或同一产业内不同行业间通过相互渗透、交叉融合，产生新的业态或新的产业链的过程。第五种观点认为，产业融合是指在科技进步的推动下，不同产业之间在技术、市场、资源、政策等方面进行融合，从而产生新的产业或经济增长点的过程。综上所述，产业融合是一个复杂的过程，其定义随着理论研究的深入和实践的发展而不断完善。虽然学界对产业融合的定义存在多种观点，但其核心思想是一致的，即产业融合是在科技进步和市场需求的推动下，不同产业之间在技术、市场、资源、政策等方面进行融合，从而产生新的产业或经济增长点的过程。

近年来，产业融合问题引起了国内外学者的关注。然而，关于产业融合的定义，学界并没有达成一致的认识，存在着多种不同的观点。《产业融合：理论和实践》一书首次提出了产业融合的概念。产业融合是指在信息技术和互联网的背景下，不同产业的边界逐渐模糊并发生交叉的过程。在这一过程中，产业之间的竞争合作关系逐渐加深，创新的速度和效率得到提高，从而推动了经济的发展。随着对产业融合研究的深入，更多的学者开始关注产业融合的经济效益。例如，徐忠爱认为，产业融合是指在新的技术和市场需求的驱动下，不同产业之间的界限逐渐模糊，从而实现资源的共享和优化配置，提高经济效益。[4] 此外，还有一些学者从产业结构的角度出发，对产业融合进行了定义。例如，李美云认为，产业融合是指在新的技术和市场需求的驱动下，不同产业之间的结构和形态发生变化，从而实现产业升级和结构调整。[5] 在近 5 年的研究中，学界对产业融合的定义进行了更深入的探讨。产业融合是指在新的技术和市场需求的驱动下，不同产业之间的创新和合作不断加深，从而实现产业的转型升级和经济的可持续发展。综上所述，产业融合是一个复杂的过程，其定义随着学者对其研究的深入而不断完善。虽然学界对产业融合的定义存在多种观点，但其核心思想都是在新的技术和市场需求的驱动下，不同产业之间的界限逐渐模糊，实现资源的共享和优化配置，提高经济效益，推动经济的发展。

在探讨乡村振兴与产业融合的学术领域中，众多国内学者提出了独到的见解，研究方向主要为 5 个方面：一是乡村振兴与产业融合。刘崇献等提出，文化旅游的深度融合是推动乡村振兴战略的关键路径，通过强化文化自信和促进产业间的深度融合，可以有效激发乡村经济与文化的协同发展，进而实现乡村的全面振兴。[6] 黄曼等则从城乡要素共生的角度出发，通过多案例研究揭示了要素属性、交易维度和主体特质对共生界面生成的影响，强调了城乡要素协同匹配在乡村产业融合中的重要性。[7] 颜华和董富强等基于集体行动理论，探讨了乡村产业融合对农村人居环境治理绩效的影响，指出村庄集体行动在其中扮演了至关重要的中介角色。[8] 二是新质生产力与产业升级。李杏与戴一鑫着重于新质生产力的概念，认为其是实现农业现代化、农村美化和农民富裕化的关键，特别强调了科技创新在数字经济背景下对乡村产业系统转型升级的推动作用。[9] 焦勇和齐梅霞深入分析了数字经济对新质生产力发展的赋能作用，指出数据要素、数字技术和数字基础设施等方面在其中发挥了至关重要的作用。[10] 孙志远通过面板数据分析，发现数字新质生产力对城乡高质量融合具有显著的正向促进效应，其中产业结构的升级和公共服务的均等化起到了关键的中介作用。[11] 陈钰莹的研究则聚焦农村产业融合与农民收入之间的关系，通过实证检验揭示了农村产业融合对农民收入增长的显著促进作用，并进一步指出了县域创业活动在其中的关键作用。[12] 李泓伯等则从现实困境与推进路径的角度出发，对农村第一第二第三产业融合发展进行了深入分析，并提出了促进其发展的新举措。[13] 三是数字经济与产业融合。焦勇和齐梅霞则从理论逻辑和动力机制的角度，探讨了数字经济如何赋能新质生产力的发展，特别强调了数字化转型在其中的重要性。徐伟祁等学者则聚焦数字普惠金融对农村产业融合的影响，发现数字增加资本供给、驱动技术创新和引导劳动力回流，对农村产业融合起到了积极的促进作用。[14] 四是文旅融合与产业创新。明庆忠等学者则着重于文旅新质生产力的发展逻辑和实现路径，强调了科技创新与文化数字化和谐交融的重要性。[15] 五是城乡一体化与产业融合。郭东和李琳在 2024 年的研究中，基于城乡产业融合影响共同富裕的理论分析框架，实证检验了城乡产业融合对共同富裕的影响，为推动城乡一体化提供了有力的理论支持。[16] 李东民和郭文则从要素、效应、环境的角度，对区域文旅融合发展水平和类型进行了评价，为文旅产业的融合提供了新的视角。[17] 陈鎏鹏等学者通过实证检验，发现数字乡村建设对农村产业融合发展具有显著的促进作用，为农村产业融合发展提供了新的动力。[18]

综上，乡村振兴与产业融合是一个多维度、跨学科的研究领域。它不仅涉及文化、旅游、经济、技术等多个方面，还需要考虑城乡之间的互动与协同发展。这些研究成果为理解和推动乡村振兴与产业融合提供了宝贵的理论基础和实践指导，对于促进我国乡村的全面发展具有重要的现实意义。

二、文旅产业的概念

国内学者对文旅融合的研究始于 2009 年，2018 年后在学术界受关注的程度日趋上升，研究的范围主要结合乡村振兴、深度融合、发展路径、融合效应和文旅产业等方面，同时结合经济环境、旅游市场消费需求的变化，主要是基于国家政策导向和政府机构改革现状视角出发，以经济结构的优化和消费需求的升级两方面的现实需要出发，对“文旅融合”的概念进行界定。在国民经济与社会发展的背景和需求指导下，探讨文化旅游融合的多维表现及其对产业发展的推动作用时，众多学者提出了各自的见解。周伟民通过对苏州市的案例分析，揭示了文旅融合在政策支持、资金投入、文化遗产保护、产业集群发展以及旅游产品创新等多个层面的具体体现。[19] 这些方面共同构成了文旅融合的实践框架，为城市经济发展注入了新的活力。王小颖则强调了创新在文旅融合中的核心地位。她认为，无论是政府的发展理念、旅游资源的开发，还是企业的经营策略和消费者的需求变化，创新都是推动文旅产业融合的关键因素。[20] 这种创新不仅促进了产业的内部发展，也为产业间的互动提供了新的动力。赵慧芳则从社会转型的角度分析了文旅融合在特殊时期对传统产业模式的创新和优化。她指出，这一过程反映了社会结构、经济结构和职业结构的深刻变化，体现了不同产业或同一产业不同行业在技术创新和制度创新基础上的相互渗透、交叉和整合，从而形成新型产业形态。[21] 何一民则着重于文化产业与旅游产业之间的密切联系和相互作用。他认为，文旅融合不仅强调两者之间的互动发展，而且通过文化产业的发展来推动旅游产业的转型升级。这一过程不仅是文化传承的重要途径，也是文化创新的催化剂。通过旅游活动，传统文化得以传播和展示，同时，新的文化形式和内容得以创造和推广。[22] 熊正贤进一步阐述了文化在旅游产业中的多重角色。他提出，文化以系统的方式构成文化产业，与旅游产业在空间上聚焦，在内容上交叉，形成产业融合的模式。[23] 同时，文化以奇观的方式形成独特的文化景观或产品，与其他旅游产品形成互补，共同支撑旅游景区。冯健则将文旅融合视为旅游产业优化升级的内在动力。他指出，通过创意设计和文化意蕴的融入，可以提升旅游产品的附加值和市场竞争力。[24] 此外，依托旅游地构建文化品牌，推动文化的传承与发展，彰显旅游地的文化内涵，是文旅融合的重要目标。李先跃指出文化产业与旅游产业具有天然的耦合性，两者在资源、市场和功能上具有互补共赢的潜力。[25] 这种耦合性为文旅融合提供了坚实的基础，也为产业的深度融合和广泛融合指明了方向。因此，文旅融合是一个多维度、跨领域的综合发展过程，它要求对文化资源和旅游资源进行深度挖掘和创新利用，以实现产业的可持续发展和文化的有效传播。

综上，结合乡村振兴的现实需求，本书将“文旅产业”定义为在乡村振兴战略指导下，通过文化资源的挖掘、创新和利用，与旅游产业深度融合，形成的具有地域特色、文化价值和经济效应的产业形态。在新质生产力与乡村振兴背景下，文旅产业不仅是推动经济发展的新动力，也是实现乡村振兴的重要途径。通过深入挖掘和利用文化资源，结合现代科技手段，可以有效地推动文旅产业的发展，为乡村振兴注入新的活力。

第二节　乡村振兴战略的理论基础

一、乡村振兴战略的政策背景与理论依据

（一）乡村振兴战略的政策背景

乡村振兴战略是中国政府为响应新时代农业农村发展需求，解决“三农”问题，推动农业农村现代化，实现城乡融合发展而提出的一项重要战略。其政策背景具有深厚的历史渊源和现实基础：一是新时代农业农村发

展的全面要求与战略布局。随着中国特色社会主义进入新时代，中国全面建成小康社会，乡村振兴战略应运而生。这一战略不仅是对以往农业农村发展策略的深化，也是对全面建设社会主义现代化国家新要求的积极回应。它体现了农业农村优先发展的战略定位，强调通过政策支持和资源配置，确保国家粮食安全，促进农民增收，强化农业科技和改革双轮驱动，推动农业农村优先发展。二是城乡发展不平衡与农业农村现代化的内在需求。城乡发展不平衡是当前中国面临的现实挑战，乡村振兴战略旨在缩小城乡差距，推动公共资源均衡配置，实现共同富裕。同时，中国的粮食安全、生态安全和社会稳定在很大程度上依赖农业农村的稳定和发展。乡村振兴战略通过科技创新、制度创新和管理创新，提高农业生产效率和农产品质量，增强农业的可持续发展能力。三是国际国内形势变化的应对策略与生态文明建设的长远考量。在经济全球化和信息化的背景下，中国面临着世界百年未有之大变局，乡村振兴战略的提出是为了应对国际政治经济形势的复杂多变，提升农业竞争力有助于增强国家战略定力和抗风险能力。此外，生态文明建设也是乡村振兴战略的重要组成部分，强调生态宜居，推动农业绿色发展，保护和改善农村生态环境，实现人与自然和谐共生。

综上，乡村振兴战略的实施是一项涵盖经济、社会、文化、生态等多方面的系统工程。它不仅仅关注农业的发展，更着眼于乡村整体的繁荣与进步。在推进这一战略的过程中，需要综合运用市场调节的无形之手和政府的有形之手，通过制度创新和技术创新双轮驱动，为乡村的全面发展注入新的活力。乡村振兴并非一蹴而就的短期任务，而是一项需要长期坚持和持续努力的工作。这要求各方不仅要有坚定的决心和强大的毅力，还需要不断的政策支持与创新。正是在这样的背景下，党的十九大报告提出实施乡村振兴战略，强调："按照产业兴旺、生态宜居、乡风文明、治理有效、生活富裕的总要求，建立健全城乡融合发展体制机制和政策体系，加快推进农业农村现代化。"2017 年 12 月，习近平总书记在中央农村工作会议上首次提出，走中国特色社会主义乡村振兴道路，让农业成为有奔头的产业，让农民成为有吸引力的职业，让农村成为安居乐业的美丽家园。随后，“走中国特色社会主义乡村振兴道路”被写入2018年中央一号文件，成为实施乡村振兴战略的重要指导原则。同年9月21日，习近平总书记在主持十九届中央政治局第八次集体学习时指出，“我国乡村振兴道路怎么走，只能靠我们自己去探索”。2021年2月25日，习近平总书记在全国脱贫攻坚总结表彰大会上强调，“走中国特色社会主义乡村振兴道路，持续缩小城乡区域发展差距”。党的二十大报告着眼于全面建成社会主义现代化强国宏伟目标，提出全面推进乡村振兴，强调“全面建设社会主义现代化国家，最艰巨最繁重的任务仍然在农村”。从党的十九大首次提出实施乡村振兴战略，到党的二十大提出全面推进乡村振兴，中国特色社会主义乡村振兴道路已然形成，并展现出独特气质和优势，以及鲜明的时代特征。

（二）乡村振兴战略思想的理论渊源

乡村振兴战略思想是中国共产党在领导中国农村发展的历史进程中逐渐形成的理论成果，这一思想体系不仅深刻地根植于中国的实际情况，也与马克思主义的基本理念相融合，构建起具有中国特色的农村发展理论框架。

1. 马克思主义对农村发展和城乡融合思想的吸收

乡村振兴战略思想深受马克思主义基本原理的启发，特别是在农村发展和城乡关系方面的理论。马克思主义提供了一个宏观的视角，来分析农业在经济和社会发展中的作用，以及城乡关系的历史演变和未来趋势。马克思主义认为，农业是国民经济的基础产业，它不仅为人类提供食物和其他原材料，也是工业发展和城市化进程的重要支撑。农业的稳定发展对于保障国家粮食安全、推动经济持续增长具有不可替代的作用。随着工业革命的到来，生产力得到了空前的提升，导致了城乡之间的分离。这种分离带来了城乡发展的不平衡，也导致了城乡之间的尖锐对立，城市成为工业和服务业的中心，而农村则逐渐被边缘化。这种对立不仅制约了农村的发展，也影响了整个社会的和谐进步，造成了资源配置的不合理和社会福利的不均衡。社会发展的最终目标是实现城乡融合，消除城乡之间的对立和差距。城乡融合不是简单的城乡同质化，而是在保持各自特色的基础上实现互补发展，促进资源的合理流动和分配，实现社会的整体进步和人的全面发展。

2. 历代中国共产党人对农村发展思想的继承与发展

乡村振兴战略思想继承并发展了历代中国共产党领导人关于农村发展的思想，这些思想是在不同历史时期，针对中国的具体国情和农村实际发展起来的。毛泽东的集体化思想认为，中国农村一家一户的个体生产方式不利于实现农村的现代化和农民的共同富裕。因此，毛泽东提倡通过集体化来克服这些问题，人民公社成为集体化的一种尝试。尽管在实践中遇到了困难，但毛泽东的集体化思想对后来的农村发展有着深远的影响。邓小平的土地经营自主权思想提出让农民获得土地经营自主权，通过家庭联产承包责任制激发农民的生产积极性。这一改革极大地提高了农业生产效率，促进了农村经济的多元化发展，为农村改革和发展开辟了新的道路。江泽民的农村发展与国家发展关系论强调农业、农村、农民问题对国家发展的重要性，认为农村的稳定与发展直接关系到国家的整体发展和社会稳定。胡锦涛的统筹城乡发展思想提出统筹城乡经济社会发展，强调工业反哺农业、城市支持农村。他主张通过政策支持和制度创新，缩小城乡差距，推动农村发展，实现城乡经济社会的协调发展。乡村振兴战略是习近平总书记“三农”思想的集中体现。习近平总书记曾经是下乡知青，在陕北当过7年农民，始终关心关注指导“三农”，对农村情况有着深入的了解，对农民群众有着深厚感情，对“三农”问题有着深刻思考。党的十八大以来，习近平总书记对做好“三农”工作提出了一系列新理念新思想新战略，科学回答了新时代“三农”工作的重大理论和实践问题。中国要强，农业必须强；中国要美，农村必须美；中国要富，农民必须富。任何时候都不能忽视农业、忘记农民、淡漠农村。坚持把推进农业供给侧结构性改革作为主线，加快推进农业农村现代化。坚持立足国内保证自给的方针，牢牢把握国家粮食安全主动权。实现高质量发展要充分体现农村特点，注意乡土味道，保留乡村风貌，留得住青山绿水，记得住乡愁。这些新理念新思想新战略，系统全面、内涵丰富、博大精深、意义深远，是做好新时代“三农”工作、实施乡村振兴战略的根本遵循和行动指南。

3. 乡村振兴战略思想的形成与发展

乡村振兴战略思想的形成与发展是中国对农村发展长期实践的深刻总结和理论创新，这一思想的形成与演变与中国的农业农村发展政策紧密相连，具有丰富的政策背景和实践基础。

随着中国经济社会的快速发展，特别是进入21世纪以来，中国农业和农村发展面临新的挑战和机遇。城乡发展不平衡、农村基础设施落后、农民收入增长缓慢等问题逐渐凸显。为解决这些问题，我国政府相继出台了一系列政策措施，旨在推动农业现代化、农村全面进步和农民持续增收。2017年，党的十九大报告中首次提出实施乡村振兴战略，并将其作为国家发展的重大战略之一。这一战略的提出，标志着中国农业农村发展进入了一个新的阶段。乡村振兴战略的核心是实现农业农村现代化，推动农业转型升级，促进农村社会事业全面进步，提高农民的生活质量。我国政府高度重视农业科技创新，通过实施一系列科技兴农项目，提高农业生产效率和农产品质量。国家统计局数据显示，截至2020年，中国农业科技进步贡献率达到60.7%，比2015年提高了5.2个百分点。此外，中国还大力推进农业机械化，2020年全国农作物耕种收综合机械化率达到71%，有效提升了农业生产力。为拓宽农民增收渠道，我国政府鼓励发展多种形式的适度规模经营，推动农业与二、三产业融合发展。乡村旅游、农村电商等新兴产业迅速崛起，成为农民增收的新亮点。党的十八大以来，全国乡村旅游人次从近8亿跃升到30亿，年均增速超过20%，乡村旅游已成长为万亿级收入规模的新兴产业。2024年五一假期，全国乡村旅游接待游客1.72亿人次，实现乡村旅游收入518.17亿元，分别同比增加8.9%和12.3%。国家统计局2024年2月发布的数据显示，2023年农村居民国内出游11.3亿人次，增长88.5%，其中，农村居民出游花费7353亿元，增长106.4%。这一数据不仅凸显了乡村旅游的强劲市场潜力，也反映了乡村振兴战略在促进农村经济多元化发展方面的显著成效。

随着乡村振兴战略的深入推进，我国政府不断加大对农村基础设施建设的投入力度，致力于改善农村的生产生活环境，特别是在“十三五”规划期间，我国新建和改建的农村公路里程超过138万公里，显著提升了农村的交通便捷性。同时，农村自来水普及率已达到较高水平，农村电网的全面升级改造也已完成，宽带网络的广泛覆盖更是为农村信息化建设奠定了坚实基础。这些基础设施的完善，不仅提升了农村居民的生活质量，也为农村的可持续发展提供了有力支撑。在乡村振兴的过程中，加强基层党组织建设、完善村民自治机制被视为提升农村治理水平的关键环节。通过实施村务公开、民主管理等举措，农民的参与意识和能力得到了显著提高，农村社会也因此更加和谐稳定。这种治理模式的创新，不仅增强了农村的凝聚力和向心力，也为实现乡村振兴提供了坚强的组织保证。与此同时，政府高度重视农村文化的传承与发展，通过实施一系列文化惠民工程，极大地丰富了农民的精神文化生活。这些工程包括加强农村文化设施建设、支持农村文化活动的开展、保护农村文化遗产以及推动乡村文化的创新等。这些举措不仅有助于提升农村的文化软实力，也为农村的经济社会发展注入了新的活力。绿色发展理念的践行也是乡村振兴战略中的重要一环。政府积极推动农村生态文明建设，通过实施重要生态系统保护和修复工程、推行绿色生产方式以及加强农村环境治理等措施，努力打造宜居宜业的美丽乡村。值得一提的是，早在2020年，我国农村生活垃圾处理率已达到90%以上，农村卫生厕所的普及率也有了显著提升，这些都标志着农村人居环境得到了实质性改善。

为了进一步激发农村的发展活力，政府还深化了农村改革，特别是在农村土地制度和集体产权制度方面进行了大胆创新。通过实施农村承包地“三权分置”改革，农民的土地权益得到了更好保障，土地流转和规模经营也得以有序推进。同时，深化农村集体产权制度改革不仅发展了多种形式的农村集体经济，还有效增强了农村集体经济的实力，为农村的持续发展注入了新的动力。在提升农村居民生活水平方面，政府同样不遗余力。通过加强农村民生保障工作，特别是提高农村的医疗、教育、养老等公共服务水平，农村居民的生活质量得到了显著提升。同时，乡村振兴战略还注重农村人才的培养与引进工作，通过教育和培训等方式不断提高农民的技能水平，并吸引更多的有志青年投身乡村振兴的伟大事业中来。需要强调的是，乡村振兴战略还需积极拓展农村的开放合作空间，通过加强与城市的互动交流来吸引外部资源和资本参与到农村的发展中来。这种城乡融合发展的新格局不仅有助于实现资源共享和优势互补的目标，还将为农村的全面振兴提供更为广阔的平台和机遇。

乡村振兴战略思想的形成与发展，是中国共产党在不同历史时期对农村问题的深刻认识和理论创新的结果，具有深厚的理论基础和明确的实践指导意义。随着实践的深入，乡村振兴战略思想将继续丰富和发展，为实现农业农村现代化和中华民族伟大复兴的中国梦贡献智慧和力量。

二、乡村振兴战略的多维度解读

党的二十大对农业农村工作做出了全面规划，明确了未来五年全面推进乡村振兴的主要任务，并设定了到 2035 年基本实现农业现代化、到 21 世纪中叶建成农业强国的宏伟目标。在迈向农业强国的征途中，农业现代化是不可或缺的基础，而当前应聚焦于乡村振兴这一关键环节。

乡村振兴战略的核心可概括为 20 字方针：“产业兴旺、生态宜居、乡风文明、治理有效、生活富裕”。此方针为乡村振兴指明了方向。具体而言，产业兴旺旨在通过激发农村集体经济与家庭经济的活力，推动现代农业的蓬勃发展，从而提升乡村的产业化水平。生态宜居则着眼于生态环境的保护与改善，力求实现绿色发展，优化乡村人居环境。乡风文明致力培育积极向上的文化习俗与行为方式，传承和弘扬传统文化，构建和谐乡村社会。治理有效则要求推进乡村治理体系的现代化，构建科学高效的组织管理体系，提升治理的效能和法治水平。生活富裕则聚焦提高农民的收入水平，切实改善其生活品质。

在新时代背景下，乡村振兴战略通过多措并举，如推动乡村经济发展、改善农村基础设施、优化农村产业结构、加强农村人才队伍建设等，旨在促进农村经济的迅猛发展，进而实现乡村振兴的宏伟蓝图。这一战略涵盖了产业、人才、文化、生态、组织五大方面，它们之间相互关联、相辅相成，共同构成了乡村振兴的有机整体。其中，人才与组织是实施振兴的主体，产业、文化与生态则是振兴的客体。习近平总书记曾深刻指出，产业振兴在乡村振兴中占据核心地位，也是实际工作的出发点。缺乏产业的乡村难以吸引和留住人才，农民增收的途径受限，文化活动也难以开展。这一论断深刻揭示了发展乡村产业对于乡村振兴的重要性。因此，必须牢牢抓住产业振兴这一关键，努力补齐短板，以此推动农业农村现代化进程。因此，本书有必要对乡村振兴的五个维度——产业、人才、文化、生态、组织展开深入探讨，以便更全面地理解乡村振兴战略。

（一）产业振兴是乡村振兴的物质基础

乡村产业振兴，就是要形成绿色安全、优质高效的乡村产业体系，为农民持续增收提供坚实的产业支撑，农村产业体系越完善，农民收入增长渠道越顺畅。首先，产业振兴是实现农业现代化的前提。随着科技的进步和市场需求的变化，传统的农业生产方式已不能满足现代社会的发展需求。产业振兴要求我国转变农业发展模式，通过科技创新、产业结构调整和市场机制的完善，推动农业向现代化、集约化、智能化方向发展。这样，不仅可以提高农业生产效率，还能保障农产品的质量和安全，满足消费者对绿色、健康食品的需求。其次，产业振兴是农民增收的重要途径。通过发展特色农业、乡村旅游、农产品深加工等多元化产业，可以为农民提供更多的就业机会和收入来源。例如，特色农业可以依托当地资源优势，发展具有地域特色的农产品，提高农产品的附加值；乡村旅游可以吸引游客，带动当地经济发展，增加农民的经营性收入；农产品深加工则可以延长产业链，提高农产品的附加值，为农民提供更多的就业机会。再次，产业振兴是推动农村社会进步的动力。随着产业的发展，农村地区的基础设施将得到改善，公共服务水平将提高，农村居民的生活质量也将随之提升。此外，产业发展还可以促进农村文化建设，提高农民的文化素质和精神生活水平，为农村社会的和谐稳定打下坚实的基础。最后，产业振兴需要政策支持和市场机制的完善。政府应当出台相关政策，引导和支持乡村产业发展，提供必要的资金、技术和人才支持。同时，还需要完善市场机制，建立公平竞争的环境，鼓励和引导社会资本投入乡村产业，形成政府引导、市场主导、社会参与的产业发展格局。

（二）实施乡村振兴发展，人才是基石

农民作为乡村振兴的主体力量，其素质的提升和能力的发展对于乡村经济的繁荣和社会的进步具有决定性影响。首先，新型职业农民的培养是乡村振兴的基石。新型职业农民是指那些热爱农业、具备现代农业技术、善于经营管理的农民群体。他们能够运用现代科技手段，提高农业生产效率，增强农产品的市场竞争力。因此，政府和社会各界应重视新型职业农民的培养工作，通过提供农业技术培训、经营管理课程等，帮助农民提升自身素质，增强其在现代农业发展中的核心竞争力。其次，优化创业环境，制定优惠政策，为乡村振兴吸引人才。良好的创业环境能够激发人才的创新活力和创业热情。政府应出台相关政策，如提供税收减免、财政补贴、创业指导等，为返乡创业的人才提供支持。同时，搭建创业平台，如建立

农业科技园区、农产品交易市场等，为人才提供实践和展示才能的舞台。再次，建立引导和鼓励高校毕业生在基层工作的长效机制。高校毕业生是乡村振兴的重要人才资源，他们具有较高的知识水平和创新能力。政府和高校应通过建立实习基地、提供就业指导、开展职业规划教育等措施，引导高校毕业生到基层工作，让他们在乡村振兴中发挥自己的专业优势和创新能力。此外，要确保人才数量、结构和质量能够满足乡村振兴的需要。这需要从多个层面进行努力：一是加强人才引进，通过各种渠道吸引国内外优秀人才投身乡村振兴事业；二是优化人才结构，注重培养和引进各类专业人才，形成多元化的人才队伍；三是提高人才培养质量，通过教育改革、职业培训等手段，提升人才的专业技能和综合素质。最后，要让人才愿意来、留得住、干得好、能出彩。这需要创造一个良好的工作和生活环境，让人才感受到乡村的魅力和发展潜力。同时，要建立公平的激励机制，让人才的努力得到应有的回报，激励他们为乡村振兴贡献自己的力量。人才资源的培养与利用是实现乡村振兴的关键。通过培养新型职业农民、优化创业环境、制定优惠政策、建立长效机制等措施，可以有效地吸引和留住人才，激发人才的创新活力，为乡村振兴提供强大的人才支持和智力支撑。

（三）文化振兴是乡村振兴的精神基础

这一理念的深刻内涵体现在乡村文化振兴与乡村振兴各领域、各环节的紧密融合之中。必须深刻理解，乡村的全面振兴并非仅仅局限于物质层面的提升，更涵盖了精神层面的充实与提振。在推进乡村振兴的过程中，应坚持物质文明与精神文明并重的原则。这意味着既要关注乡村产业的发展，努力壮大乡村经济，为农民创造更加殷实的生活条件，也要深入挖掘并激活乡村的文化资源，以此提振乡村精神，繁荣乡村文化生活。这种双管齐下的策略，不仅有助于实现乡村经济的持续增长，更能够为乡村振兴提供源源不断的精神滋养。具体而言，乡村文化振兴需要通过多元化的途径来实现。可以依托乡村的传统节庆、民间艺术、特色美食等文化资源，打造具有地方特色的文化活动，让农民在参与中感受到文化的魅力，从而提升他们的文化素养和归属感。同时，应该加强乡村文化设施的建设，如图书馆、文化活动中心等，为农民提供便捷的文化服务，满足他们的精神文化需求。乡村文化振兴需要政府、社会和农民的共同参与。政府应发挥引导和支持作用，制定相关政策，提供必要的资金和技术支持。社会各界应积极参与乡村文化建设，通过捐赠、投资、志愿服务等方式，为乡村文化振兴贡献力量。农民作为乡村文化的传承者和实践者，应积极参与乡村文化活动，传承和发扬乡村文化。此外，乡村文化振兴还需要与教育、科技等领域紧密结合，通过知识普及和科学传播，提升农民的科学文化素质，培养他们的创新意识和实践能力。这样，乡村文化振兴不仅能够为乡村振兴提供精神动力，还能够为乡村的可持续发展注入新的活力。通过发展乡村文化，不仅可以丰富农民的精神生活，提升乡村社会的凝聚力，还可以增强乡村的竞争力，促进乡村经济的发展。乡村文化振兴需要政府、社会和农民的共同努力，需要创新和开放，以实现乡村文化的繁荣与发展，为乡村振兴提供持续的精神动力。

（四）生态振兴是乡村振兴的重要支撑

良好的生态环境是农村地区最宝贵的资源，也是其最大的竞争优势。因此，生态振兴要求各地在乡村发展过程中，注重生态环境的保护和改善，实现经济发展与生态保护的协调统一。生态振兴是提升乡村居民生活质量的关键。通过加快公共基础设施向乡村的延伸，优化乡村生活环境，完善乡村公共基础设施，可以为乡村居民提供更加舒适、便利的生活环境。例如，通过实施绿化、美化、规划等措施，可以改善乡村的生态环境，提升乡村的景观品质，使乡村成为生态宜居、美丽宜人的家园。生态振兴是增强乡村吸引力的重要途径。一个生态宜居、环境优美的乡村，能够吸引更多的游客和投资者，促进乡村旅游、特色农业等产业的发展，带动乡村经济的繁荣。良好的生态环境也是吸引人才、留住人才的重要因素，有助于乡村人才的引进和培养。此外，生态振兴还需要政府、社会和农民的共同参与。政府应发挥主导作用，制定相关政策，提供必要的资金和技术支持。社会各界应积极参与乡村生态建设，通过投资、捐赠、志愿服务等方式，为乡村生态振兴贡献力量。农民作为乡村生态建设的主体，应积极参与生态保护和环境治理，共同维护乡村的生态环境。同时，生态振兴需要坚持人与自然和谐共生的理念。在乡村发展过程中，要坚持绿色发展、循环发展、低碳发展的原则，走乡村生态振兴之路。通过发展生态农业、乡村旅游、绿色能源等产业，实现乡村经济的可持续发展，让良好生态成为乡村振兴的重要支撑。综上，生态振兴是乡村振兴战略的重要组成部分。通过加快公共基础设施建设，优化乡村生活环境，发展绿色产业，坚持人与自然和谐共生的理念，可以构建生态宜居、经济繁荣、社会和谐的美丽乡村，实现乡村的可持续发展。生态振兴需要政府、社会和农民的共同努力，需要坚持绿色发展的理念，以实现乡村的绿色振兴。

（五）组织振兴是乡村振兴的保障条件

习近平总书记的明确指示为乡村振兴工作提供了行动纲领：要实现乡村组织的全面振兴，关键在于构建坚实的基层党组织、培养优秀的基层党组织领导、深入推进村民自治、积极发展农民合作经济组织，以及构建和完善现代化的农村社会治理体系。这些措施的实施，不仅能为乡村社会注入新的活力，还能确保其发展的稳定性和秩序性。在推动乡村组织振兴的道路上，首先需要关注的是基层党组织的建设。这些党组织不仅是党在农村地区的坚强后盾，更是贯彻落实党的方针政策、领导农村发展进步的重要力量。与此同时，培养优秀的农村基层党组织书记也尤为重要。他们既是党的政策的传播者和执行者，也是推动农村发展的领军人物。为此，要建立一套严格的选拔机制和完善的培训体系，以打造一支高素质、具备强大能力的基层党组织书记队伍。其次，深化村民自治实践也是推动乡村组织振兴的重要一环。应通过多种方式，如广泛征集村民意见和建议、建立有效的村民议事机制等，不断提升村民的自我管理和自我服务能力，从而实现真正意义上的村民自治。在发展农民合作经济组织方面，应积极探索新型的农业经营主体和模式，以提高农民的组织化水平和市场竞争力，进而促进农民收入的增长，推动农村经济的持续繁荣。最后，建立和完善现代化的农村社会治理体系是实现乡村组织振兴的长期战略，需要借助法治的力量，为乡村治理提供坚实的保障，以确保农村社会的和谐稳定与持续发展。通过这些综合措施的全面推进，为乡村振兴提供强大的动力支持，为实现中华民族伟大复兴的中国梦做出应有的贡献。

第三节　文旅融合与乡村振兴的内在联系

文旅融合作为推动乡村经济和社会全面发展的重要途径，对乡村振兴具有深远的影响，接下来将深入探讨文旅融合与乡村振兴之间的内在联系。

一、文旅融合对乡村振兴的推动作用

乡村振兴的关键在于产业的振兴。文化旅游产业作为乡村产业发展的重要组成部分，对于乡村振兴具有重要的推动作用。

首先，文旅融合可以促进乡村产业的转型升级。通过将文化和旅游资源进行有机结合，可以创新乡村产业发展模式，提高产业附加值，推动乡村产业由传统农业向文化创意产业、旅游业等多元化方向发展。邢博等指出，在这一过程中，文旅融合不仅能够促进乡村传统产业的转型升级，还能够吸引更多的游客，增加乡村的知名度和吸引力。通过发展以文化旅游为核心的新型业态，如乡村旅游、特色民宿、文化体验等，可以为乡村带来新的经济增长点。[26] 李晶等认为这种多元化的经济发展模式，有助于

提高乡村经济的抗风险能力，实现可持续发展。[27]

其次，文旅融合可以带动乡村就业，促进农民增收。宋子千指出，农文旅深度融合是全面推进乡村振兴的重要途径。通过加强文化赋能和旅游带动，可以推动农业、文化、旅游的融合发展，进而带动农民就业增收。[28]此外，农文旅融合还能够有效提升乡村的吸引力，吸引更多的游客，从而为当地农产品的销售开辟新的市场，增加农民的经济收益。2024 年发布的中央一号文件《中共中央 国务院关于学习运用“千村示范、万村整治”工程经验有力有效推进乡村全面振兴的意见》，也强调了实施乡村文旅深度融合工程的重要性，提出要推进乡村旅游集聚区（村）建设，培育新业态，推进乡村民宿规范发展、提升品质。这些措施预计将进一步促进乡村地区的就业和农民的增收。如前文所述，为了确保文旅融合能够有效带动乡村就业和促进农民增收，需要政府、企业和社会各界的共同努力。政府应出台相应的政策和措施，提供必要的资金和技术支持，改善乡村基础设施，培养专业人才。企业则应发挥市场主体作用，创新旅游产品和服务，提高旅游产业的竞争力。同时，社会各界应积极参与到乡村文化保护和传承中，共同推动文旅融合的可持续发展。

再次，文旅融合可以提升乡村的文化价值和吸引力。通过文化旅游的方式，可以将乡村的历史文化、自然风光、民俗风情等资源进行有效的宣传和推广，提升乡村的知名度和吸引力，从而带动乡村的旅游业发展。乡村文化是乡村振兴的灵魂，文旅融合可以更好地保护和传承乡村的传统文化，同时赋予其新的生命力。文化的传播和推广，不仅能够增强乡村居民的文化自信，还能够吸引更多的游客，提升乡村的知名度和影响力。不仅如此，文旅融合还为乡村文化的保护和传承开辟了新的道路。乡村文化，作为乡村振兴不可或缺的灵魂，承载着世代相传的智慧和情感。通过文旅融合，不仅能够让这些宝贵的文化遗产得到更好的保护，更能为其注入新的生命力，让它们在现代社会中焕发出新的光彩。例如，在贵州的西江千户苗寨，当地通过文旅融合，成功地将苗族的传统文化和风俗习惯传承下来，并吸引了大批游客前来体验，为当地的文化保护和经济发展做出了积极贡献。

最后，文旅融合有助于改善乡村的基础设施和公共服务。随着旅游产业的发展，乡村的交通、通讯、卫生等基础设施将得到改善，公共服务水平也将相应提高。这不仅能为游客提供更加舒适便捷的旅游环境，提高其旅游体验，也能直接提升乡村居民的生活质量，使他们享受到更好的公共服务。文旅融合的推动，实际上是乡村全面发展的催化剂。基础设施的完善，不仅意味着道路更加通畅，通信更加便捷，也代表着乡村整体环境的优化和提升。例如，交通设施的改进可以缩短乡村与外界的距离，使乡村的农产品能够更快地运往市场，从而提高农民的经济收入。通信设施的升级则有助于乡村居民获取更多的信息和资源，增强他们与外界的联系和交流。此外，公共服务的提升，更是直接关系到乡村居民的日常生活。例如，卫生条件的改善可以大大降低疾病的发生率，提高居民的健康水平。丰富的教育资源则可以为孩子提供更好的学习环境，为他们的未来发展铺平道路。这些改变都是文旅融合带来的实实在在的好处。更重要的是，文旅融合所带动的乡村发展是可持续的。随着游客的不断增多，乡村的经济收入也会持续增加。这些资金可以用于进一步改善基础设施和公共服务，形成一个良性的循环。同时，乡村的文化资源也会在旅游开发的过程中得到更好的保护和传承，为乡村的未来发展留下宝贵的财富。文旅融合不仅有助于提升游客的旅游体验，更能直接推动乡村的全面发展和居民生活质量的提高。这是一个双赢的策略，既满足了游客对于乡村文化的探索需求，也促进了乡村自身的繁荣与进步。

二、乡村振兴中文旅融合的机遇与挑战

在乡村振兴的过程中，文旅融合面临着诸多的机遇和挑战。首先，政策支持是文旅融合的重要机遇。国家出台了一系列的政策措施，如 2024 年中共中央、国务院市场监管总局、文化和旅游部等部门分别出台了

2024 年中央一号文件《中共中央 国务院关于学习运用“千村示范、万村整治”工程经验有力有效推进乡村全面振兴的意见》《农业农村标准化管理办法》《文化和旅游部关于开展第二批文化产业赋能乡村振兴试点的通知》，支持乡村文化旅游产业的发展，这为文旅融合提供了良好的政策环境。其次，随着人们生活水平的提高和旅游需求的增长，乡村旅游市场呈现出火爆的态势，某平台 2023 年 12 月发布的报告显示，2023 年，该平台乡村旅游订单量恢复到疫情前 2.6 倍，平台乡村民宿供给量创造了 5 年以来最高的 44% 增长，总量达到历史峰值 33 万家，乡村旅游平均出行距离出现了 5 年来的首次大幅反弹，平均出行距离相比 2022 年增加 130 公里，逼近 600 公里，与此同时，该平台积极响应市场需求，新增了超过 500 种乡村旅游产品，极大地丰富了游客的选择。这一系列的积极信号不仅预示着乡村旅游市场的蓬勃发展，更为文旅融合开辟了广阔的市场空间，为行业的进一步创新和提升提供了有力支撑。再次，科技的日新月异同样为文旅融合注入了新的活力，特别是以互联网、大数据、人工智能等为代表的尖端技术的应用，不仅重塑了传统旅游行业的格局，更为乡村旅游的服务质量和管理水平的提升带来了前所未有的机遇。以互联网技术为例，当下盛行的在线旅游平台通过实时更新乡村旅游景点的信息，为游客提供了更加便捷、全面的旅游资讯，从而大大提升了游客的旅游体验。最后，大数据技术的应用也使乡村旅游管理者能够更精确地分析游客的行为习惯和需求偏好，进而优化旅游资源配置，提高服务效率。同时，人工智能技术在乡村旅游中的广泛应用，如智能导游系统、自动化服务机器人等，不仅为游客提供了个性化的服务，还极大地减轻了人工服务的压力，提升了乡村旅游的整体服务品质。科技的发展与应用正在深刻改变着乡村旅游的面貌，为其服务质量和管理水平的提升奠定了坚实的基础。

综上，在乡村振兴的大背景下，文旅融合面临着前所未有的发展机遇。随着人们对高质量旅游体验的需求日益增长，乡村旅游以其独特的自然风光和文化魅力，成为旅游市场的新宠。同时，国家政策的支持和市场的推动，为文旅融合提供了广阔的发展空间。

然而，乡村振兴中的文旅融合也面临着一些挑战。首先，乡村文化旅游资源的开发和保护之间的矛盾是一个重要的挑战。乡村文化遗产不仅是历史的见证，也是乡村文化自信与可持续发展的根基。然而，在经济利益的驱动下，一些地区出现了过度商业化、同质化的现象，这不仅破坏了乡村文化的原真性，也影响了乡村文化的多样性和独特性。因此，如何在保护的基础上进行合理开发，保留乡村文化的原真性和独特性，是文旅融合面临的首要挑战。其次，乡村旅游的服务质量和管理水平有待提高。这是影响游客体验和乡村旅游可持续发展的关键因素。《文化和旅游部关于加强旅游服务质量监管　提升旅游服务质量的指导意见》（文旅市场发〔2021〕50 号）指出，当前许多乡村旅游目的地的服务设施和服务水平尚不能满足游客的需求，这不仅影响了游客的旅游体验，也制约了乡村旅游的长远发展。提升服务质量需要从硬件设施的完善和软件服务的提升两方面入手。硬件方面，需要加强交通、住宿、餐饮等基础设施建设；软件方面，则需要提升从业人员的服务意识和专业技能，建立完善的服务标准和质量监管体系。再次，乡村旅游的市场竞争日益加剧，如何在众多的乡村旅游目的地中脱颖而出，成为文旅融合必须面对的挑战。乡村旅游目的地需要根据自身的资源禀赋和文化特色，打造独特的旅游产品和体验，形成差异化竞争优势。此外，还需要加强品牌建设，提升目的地的知名度和吸引力，通过营销推广和服务质量的提升，吸引更多的游客。最后，乡村基础设施的不足和专业人才的缺乏，也是制约文旅融合发展的重要因素。[29] 基础设施的完善是乡村旅游发展的基础，包括交通、通讯、卫生等各个方面。专业人才的缺乏则直接影响到乡村旅游的服务质量和创新能力。因此，需要通过政策引导和教育培训，吸引和培养更多的专业人才投身乡村旅游事业，提升乡村旅游的整体竞争力。

第三章　乡村振兴与新质生产力的协同发展

第一节　新质生产力的构成要素与特征

一、新质生产力的核心要素

新质生产力的本质是创新的、高质量的生产力。新质生产力理论是以马克思主义生产力理论为指导提出来的。[30] 回顾马克思主义经典作家的生产力理论，有助于深刻理解新质生产力的构成要素及其科学内涵。新质生产力是一个由多要素共同构成的复杂系统，其中劳动者、生产工具和劳动对象是核心组成部分。[31] 在马克思的视角下，劳动过程是人与自然相互作用的中介，劳动者通过其劳动活动，利用劳动资料改造劳动对象，以满足人类的需求。这一过程不仅体现了生产力的主体作用，也反映了社会关系的特质。

（一）劳动者

劳动者是生产力的主导力量，他们通过智力和行动与劳动资料相结合，实现生产工具功能的高效传递与融合。这种联动耦合促进了人机一体化系统的功能提升，提高了生产效率。劳动者的努力是推动生产力进步的主体动力。劳动本质上是人与自然之间的互动过程，是人类通过自身活动来调控并优化人与自然之间的物质交换。

在新质生产力系统中，离不开高素质劳动者队伍的建设，其角色已经发生了根本性的转变，他们不再是传统意义上的简单劳动力，而是具备智能化特征的新型劳动者。[32] 这些劳动者在新质劳动力系统中扮演着至关重要的角色，是推动经济增长的主要动力。一方面，他们被称为“新型劳动者”，主要是因为他们拥有较高的智力素养，这不仅包括认知、创意和行动力量，还涵盖了心理素质和意志品质，形成了全面的智力要素。例如，科学家、工程师和企业家等拥有丰富的知识和技能，成为推动社会进步的关键力量。这种智力素养的提升不仅开阔了他们的视野，也使他们的劳动素质达到了新的高度，是生产力创造和使用过程中较为活跃和具有决定性的因素。另一方面，新质生产力系统中的劳动者必须具备数字素养，能够熟练地运用数字化工具。随着数字化工具成为劳动的新宠，数据驱动成为工作的新常态，新时代的劳动者需要具备数字素养，并能熟练运用各种数字化工具。这已成为新时代对新质生产力系统中劳动者的基本要求。在这种背景下，劳动者的技能经历了深刻的变革，体现了全新的工作能力。这种技能的革新是生产力进入新时代的显著标志，强调劳动者要掌握与当前数字化生产力相匹配的专业技能。在不同的经济形态中，对劳动者的技能要求也在不断变化。在农业经济中，基础的农耕、狩猎或手工艺技能是必需的；工业革命时期，操作和维护机器成为新的技能要求；而在信息时代，电子设备操作技能成为基础技能，更高级的数字化技能，如嵌入式编程、数据分析、虚拟仿真、机器学习与深度学习等，正逐渐成为劳动者追求的高级技能。[33] 为了确保劳动者跟上生产力发展的步伐，劳动技能的培训必须走在技术变革的前沿。技术的实现往往依赖那些已经受过良好训练的劳动者。在新质生产力系统中，那些拥有先进数字技术知识和技能的劳动者，尤其是能够参与科技创新的劳动者，正日益成为推动社会生产力发展的核心力量。

（二）劳动资料

劳动资料生产过程中用于转化劳动对象的物质工具，起到了至关重要的作用，不仅扩展了劳动者的“自然肢体”，使劳动者能够更有效地运用这些工具来施展力量，也是生产力发展水平和社会关系性质的重要标志。马克思曾指出，经济时代的不同主要体现在生产方式上，劳动资料是衡量人类劳动力发展的尺度，不仅量化了人类劳动力的发展，更揭示了劳动过程中蕴含的社会关系。

在新质生产力体系中，高附加值的新劳动资料的密集涌现为新质生产力提供了动力源泉。劳动资料的智能化是其区别于传统生产力体系的关键特征，也是生产力质变的核心标志。劳动资料不仅定义了不同经济时代的生产力水平，而且其智能化已成为推动产业转型升级和加速新质生产力形成的关键因素。在当前科技革命和产业变革的背景下，人工智能、虚拟现实、机器人等新型劳动工具的涌现，进一步推动了产业的转型升级。这些新型劳动工具的有效运用，依赖新型劳动者的创造性劳动、丰富的劳动对象场景以及新型基础设施的支撑，凸显了劳动资料在新质生产力体系中的核心地位。一方面，劳动资料的数字化和智能化标志着生产力的发展进入新阶段。在经济学视角下，劳动资料的转型是区分人类社会生产力不同发展阶段的主要标识。不同经济时代的区别不在于产出的内容，而在于生产方式和所使用的劳动资料。劳动资料的形态和功能随着技术的进步而演变，从自然经济时代的农业工具到工业经济时代的机器设备，再到信息经济时代的集成电路与软件系统，培育智能生产资料高科技含量的劳动资料是新质生产力的内生动力，科技属性的强弱是辨别新质生产力与传统生产力的标志。[34] 随着新一轮科技产业革命的兴起，颠覆性和前沿技术催生了新型劳动资料，这些新型劳动资料以算力为基础，结合了嵌入式传感器、高性能服务器、图形处理单元（GPU）、张量处理单元（TPU）、5G 通信基站等尖端技术，对传统工具机、传动系统和控制系统进行了深刻改造。

例如，在工业 4.0 的物联网技术助力下，企业能够利用生产线上的传感设备采集数据，构建实时互联的生产网络，并通过大数据分析实现生产效率和质量的提升。另一方面，数字化的新型基础设施是劳动资料数字化的基本保证，也是新质生产力体系跃迁的重要基石。基础设施作为劳动工具的关键组成部分，在生产力要素中占据重要地位。以中国的“新基建”为例，政府大力推动 5G 基站、大数据中心、人工智能等新型基础设施的建设，这些新型基础设施的建设不仅促进了相关产业的发展，还为中国的数字化转型提供了强大的支持，推动了经济的快速增长。基础设施的状况和特点直观地展现了生产力的水平，融合了数字化、网络化和智能化的特点，不仅为高质量的经济增长提供了坚实的支撑，也为新质生产力的培育与发展打下了坚实的基础。

（三）劳动对象

劳动对象是劳动者利用劳动工具进行加工和转化的物质资料，旨在创造出满足人们需求的生活资料。这些资料通常以未加工的原料或初步加工的材料形式存在，直接关系到人们的需求，是满足生活需求的物质基础。在工具系统的作用下，劳动对象经历加工过程，实现物理、化学或生物的变化，这一过程对工具系统的设计提出了精准匹配的要求，以确保加工的高效与准确。

在新质生产力体系中，劳动对象作为核心要素之一，随着数智化革新的推进，经历了显著的变革。范围和种类不断扩大与丰富的劳动对象为新质生产力创造了前提条件。随着科技进步和经济社会发展，新质生产力中的劳动对象呈现出前所未有的新特点。数智化技术不仅重塑了人们对传统劳动对象的理解，还扩展了劳动对象的范畴，特别是数据的融入，使劳动对象系统发生了质的飞跃。一方面，数据已经成为劳动对象系统中不可或缺的一部分，这种新要素的加入标志着生产力系统性质的根本转变。在自然经济时期，土地、森林和矿产等自然资源是主要的劳动对象，它们自然存在，无需人工介入即可满足人类的基本需求。然而，随着工业经济的发展，劳动对象逐渐演变为包含人类劳动成果的产品。科技革命的深入及数据提取成本的降低，使数据的大规模应用成为可能，数据在企业运营中的重要性日益凸显，不仅提升了计算程序的竞争力，优化了生产过程，还将低利润商品转化为高利润服务。数据的优势和潜力使其成为一种新的、有待开发的重要资源，其融入劳动对象系统，颠覆了传统的劳动特性，催生了新质生产力的诞生，这一变革深刻地重塑了传统经济的发展范式。另一方面，数字与传统劳动对象的融合，形成了新的劳动对象要素，以渗透式的方式革新了传统劳动对象的组成要素，带动了劳动对象系统的性质变迁。生产过程中被加工、改造或服务的目标，已由传统的原材料、零部件等实体性对象，扩展到了包括数据、知识等非实体性对象。在大数据、云计算和人工智能等尖端技术的驱动下，能够高效地汇聚、分析和利用海量数据，这些数据随即转化为关键的新型劳动对象，为新质生产力的发展注入了源源不断的“原料”。新材料、新能源、数据等全新劳动对象的涌现，极大地丰富了生产力的内涵。在科技创新的推动下，劳动对象的边界不断扩展，数据等新型劳动对象已经渗透到经济社会的方方面面。数据在计算机系统中的多样化表现形式，如符号组合、语音、图像等，不仅是对客观事实的记录，更是对信息的逻辑归纳。经过有效的数据处理流程，数据能够释放出巨大的生产力效能，成为推动社会进步和经济发展的重要力量。

随着新技术，如人工智能、工业互联网和大数据的发展，生产力系统经历了全面跃迁和升级。由此，高素质和高技能的智力型工人正逐渐成为推动生产力发展的关键力量。这些新型劳动者以其专业知识和技能，成为创新和发展新质生产力的驱动者。同时，由关键核心技术转化而成的高端精密仪器和智能设备作为新型劳动资料，对生产力的提升起到了至关重要的作用，新能源、新材料和数据信息等要素已成为推动新质生产力发展的主力军。[35] 这些变化推动了生产力系统的质变，形成了更加高效、环保且可持续的生产模式。

二、新质生产力的时代特征

2024年1月中共中央政治局第十一次集体学习时，习近平总书记指出："概括地说，新质生产力是创新起主导作用，摆脱传统经济增长方式、生产力发展路径，具有高科技、高效能、高质量特征，符合新发展理念的先进生产力质态。"它由技术革命性突破、生产要素创新性配置、产业深度转型升级而催生，以劳动者、劳动资料、劳动对象及其优化组合的跃升为基本内涵，"以全要素生产率大幅提升为核心标志，特点是创新，关键在质优，本质是先进生产力"。新质生产力代表了一种创新驱动的先进生产力形态，与传统的经济增长模式和生产力发展路径形成鲜明对比。它融合了新兴产业、技术、业态、产品及服务，具有颠覆性的创新属性，具有高科技、高效能、高质量特征[36]。

一是新质生产力的生成过程，不仅是科技创新成果向实际生产力转化的过程，也是创造新产品和服务、催生新产业、形成新价值的过程。它超越了传统的要素驱动型增长模式，以知识密集和技术含量高为显著特点。在发展过程中，必须始终强调科技创新的核心地位，牢牢把握科技创新的关键点，充分发挥其作为发展增量的推动作用。加快关键核心技术和颠覆性技术的创新与供给，利用科技创新成果推动产业的转型升级，以新型生产方式促进新质生产力的培育和发展，实现社会生产能力的根本性提升。二是新质生产力以重大科技突破为先导，其主要表现形式和载体是战略性新兴产业和前沿产业。具体而言，战略性新兴产业涵盖新一代信息技术、生物技术、新能源、新材料和高端装备制造等领域；前沿产业则包括类脑智能、量子信息技术、基因技术、未来网络和深海空天探索等新兴领域。[37]这些领域均展现出明显的高科技特征。

新质生产力的核心特征在于其全要素生产率的显著提升和高效能表现。它通过一系列技术革新和变革，引领着生产工具、方法、组织结构和产业形态的转型。这种转型进一步激发了劳动、资本、土地、科技、金融、人才、管理、信息和数据等生产要素的活力，促进了这些要素的自由流动、有效组合、协作开发和持续优化。这些变化深刻地影响了生产函数和生产关系，推动了传统产业的升级和转型，探索了一条资源投入少、配置效率高、环境成本低、经济社会效益显著的发展道路。同时，新质生产力以实现人与自然和谐共生为目标，具有环境友好的绿色属性。绿色、低碳和环保是新质生产力的关键特征，也是经济高质量发展的内在要求。新质生产力的发展不仅显著提高了社会生产效率和资源利用效率，而且通过新技术和新产业的带动，促进了现有技术和产业的高端化、智能化和绿色化转型。[38]这为现有产业注入了新的活力，推动了产业的转型升级，产出了新的产品（服务），并构建了一个绿色低碳的循环经济体系。这种体系有助于以较低的资源和环境成本实现更大的经济社会成就。

在我国经济的未来发展中，“高质量”已成为核心议题。新质生产力作为推动经济高质量发展的关键动力，为实现这一目标提供了坚实的支撑和强劲的推动。[39]历史经验表明，依赖资源投入、以规模扩张为主的传统产业体系发展模式，已不足以为经济的高质量发展注入新的活力，也难以满足第二个百年奋斗目标对经济高质量发展提出的新期待和新要求。新质生产力的崛起，强调了“质的提升”，它能够实现新供给与新需求之间的高水平动态平衡。这种生产力更加注重科技创新、模式创新、场景应用、产业协同、数字化转型和生态环境保护。因此，未来的高质量发展必须依赖新质生产力来加速经济结构的优化和增长方式的转变。基于新质生产力，形成新的供给体系，提供更多高品质、高性能、可靠性强、安全性高、环保性优的产品与服务，以更好地满足市场的有效需求。这将增强经济增长的可持续性和社会进步的动力，为推动经济高质量发展提供切实可行的解决方案。通过这种方式，新质生产力不仅能够推动产业的转型升级，还能够促进经济结构的优化，为实现经济高质量发展提供坚实的基础。它代表了一种更加注重创新、协调、绿色、开放、共享的新发展理念，是实现经济高质量发展的必由之路。

第二节　新质生产力赋能乡村振兴中的要素保障机制

当前，中国高质量发展的关键挑战主要集中在农村地区。全面推进乡村振兴和农业强国建设，不仅是推动农业高质量发展、实现农民和农村共同富裕的关键途径，也是推动“三农”工作和实现农业农村现代化的重要驱动力。习近平总书记指出：“加快建设农业强国，扎实推动乡村产业、人才、文化、生态、组织振兴。”因此，应在乡村振兴的进程中，通过激发乡村振兴的内在动力，利用新质生产力为乡村振兴提供强有力的支撑。通过引入颠覆性的技术革新，新质生产力促进了生产要素的创新性重组，实现了劳动者、劳动资料和劳动对象的优化配置和质的转变。这一过程不仅提高了农业生产的整体效率，而且为乡村的全面振兴注入了新的活力。

一、新型劳动者

新质生产力的培育和发展，关键在于培养与现代科技进步和社会生产力发展相匹配的新型人才。这些人才在新质生产力中扮演着关键角色，对优化生产力结构具有决定性的影响，是推动乡村振兴的主导力量，特别是，劳动者的素质和技能水平是决定农业生产力发展水平的关键因素。[40]经济学家 Amartya Sen 曾强调，人的能力和素质是经济发展的关键因素，特别是在农业领域，农民的教育和培训对于提高农业生产效率、采用新技术以及适应市场变化至关重要，农民若能有效利用现代生产要素，如先进的农业技术和市场信息等，将极大地推动农业经济的增长。因此，应鼓励社会资本向农民投资，重点培养他们掌握土壤、植物、动物和机械等科学知识的能力。第七次全国人口普查数据显示，我国25岁及以上人口平均受教育年限为9.46年，而乡村地区该年龄段人口的平均受教育年限仅为7.78年，低于全国平均水平1.68年。这表明农村地区的人力资源水平还有提升的空间。要通过新质生产力赋能乡村振兴，首先需要培育适应农村新质生产力的新型劳动者。新质生产力对新型劳动者的培养提出了更高的标准，要求进一步优化乡村人才结构，提升劳动者的数字化和智能化技能水平。这将促使从事农业生产的劳动者转变为掌握现代农业科技、先进耕作技术和现代农业设备操作技术的新型职业农民，以及具备经营管理能力和先进科学文化知识的复合型人才。同时，新质生产力能够创造大量高技术含量、高人力资源附加值的工作岗位，吸引更多城市优质人才返乡创业就业。这有助于实现劳动力资源在更大范围内的优化配置，促进农村劳动力就业增收，实现乡村高质量充分就业，有效解决乡村振兴中的人才短缺问题。通过新质生产力的赋能，可以培育农村新型劳动者的创新意识和主体意识，通过技术技能教育推动乡村振兴的劳动主体从体力劳动者转变为知识创造者。这将使劳动者具备多维度知识结构，熟练掌握先进生产技术，提升其创新要素组合能力、认知能力、创新能力和“数智素养”。他们将成为能够运用人工智能、大数据等数字技术的现代人才，甚至能够主动创造新质生产力的科研人才。总之，要想实现新质生产力的发展和乡村振兴，需要重视人才培养，特别是新型劳动者的培育。通过提升劳动者的素质和技能，优化人才结构，能够为乡村振兴提供坚实的人才支撑和智力支持，充分激发乡村振兴主体的创新活力。

二、新型劳动资料

新型劳动资料是新质生产力的核心动力和关键支撑。正如马克思所言，劳动资料不仅是衡量人类劳动力发展的尺度，也是反映劳动社会关系的指标。新型劳动资料包括大数据、人工智能、自动化制造设备等，它们在生产领域的广泛应用，形成了新的生产工具。[41] 新质生产力通过推动劳动资料的改良和升级，赋予其更高的科技含量，引发了人类利用和改造自然能力的根本性变革。与此相比，传统生产力主要依赖自然资源、土地和资本等要素，以技能型劳动者为劳动主体，以农业机械和自动化技术为主要劳动工具。新质生产力则以智能劳动或智能型劳动者为劳动主体，以人工智能、数据等作为新的劳动工具，实现了农业从机械化、自动化向智能化、数字化的转变。新质生产力促使传统劳动工具向高端化、智能化、数字化方向演进，从传统的机械转变为基于物联网的智能机械，进一步优化了劳动资料结构，显著提升了生产效率和产品质量。新质生产力还推动了传统能量转换工具的智能化发展，赋予其信息采集、传输、处理和执行的能力，实现了劳动主体体力和脑力的延伸。新质生产力拓展了劳动资料的内涵，将其扩展到人工智能、虚拟现实、物联网等智能设备领域，以数字技术赋予劳动资料数字化属性。同时，新质生产力为乡村现代化转型提供了强大动力。通过虚拟现实、区块链、大数据技术、人机交互等前沿技术的应用，新质生产力加强了农村发展现代产业的科技支撑，提高了生产生活的智能化水平，打造了虚实结合的沉浸式空间。例如，农业农村部发布的数据显示，我国农业科技进步贡献率已达到61.5%，农业机械化水平显著提高，智能农业装备的应用日益广泛。这些数据表明，新质生产力在推动农业现代化方面发挥了重要作用。新质生产力为发展以现代设备设施和技术手段为依托的智慧农场、现代设施农业、现代旅游业、现代加工业等提供了强大动力，有效提高了土地产出率和综合生产能力，促进了农村经济的精准化、智能化、高效化发展，形成了推动乡村产业振兴的“新引擎”。总之，新质生产力的发展离不开新型劳动资料的支撑。通过不断优化劳动资料结构，提升劳动资料的科技含量，能够充分发挥新质生产力的潜力，推动乡村振兴和农业现代化，实现农村经济的高质量发展。

三、新型劳动对象

新质生产力通过数据等新型劳动对象的广泛应用，能够显著提升生产效率。劳动对象，即劳动者进行劳动的物质基础，是衡量社会生产力发展水平的关键指标，也是物资生产不可或缺的先决条件。新质生产力不仅促进了土地、劳动力和资本等核心生产要素的优化和升级，也推动了数据等新型劳动对象在农村生产中的广泛应用，实现了对传统劳动对象的扩展和深化，展现出虚实融合、智能协同的新特性。[42] 新质生产力的融入，使农业产业链的全流程得以革新，推动农业发展模式从依赖高投入、低技术的旧模式，向追求高质量、低消耗、高效益的新模式转变。这种转变不仅拓宽了劳动对象的范围，也推动了农业劳动对象向高科技化发展。农业经营主体可以利用数据要素，建立农业数据共享平台，监测土壤质量和水资源利用等关键环境指标。这有助于农业生产和流通数据的有效收集、整理、分析和挖掘，提高生产决策的信息化和科学性水平，从而提升资源配置效率，实现农作物的高效产出和农业的可持续性发展。此外，通过建立互联的涉农数字平台，可以设立线上要素融资服务和流转交易平台，促进数据的汇聚和共享，激活农村生产要素，促进城乡要素的双向流动，构建全国统一的农业市场。根据国家统计局的数据，2023 年中国农业科技进步贡献率达到 63.3%，农业数字化转型稳步推进，智能农业装备的应用日益普及。这些数据反映出新质生产力在推动农业现代化方面发挥了重要作用。新质生产力的发展，使劳动对象成为富含技术要素的“原材料”，为农村的数字产业化和产业数字化提供了动力，为农村传统产业的转型升级以及战略性新兴产业和未来产业的发展布局创造了有利条件。这不仅为农村经济注入了新的活力，也为实现乡村振兴和农业现代化提供了坚实的支撑。

四、三要素的高质量组合

新质生产力在乡村振兴中发挥着至关重要的作用，以新型劳动者为主体、新型劳动资料为标志和新型劳动对象为基础，更重要的是实现了这些要素之间的高效协同和系统化整合，从而促进三要素组合的优化升级，形成一种全新的生产力形态。[43] 新质生产力作为经济发展的“新引擎”，推动着工业的现代化，为农业提供了新的生产工具，促进了农业现代化与新型工业化的协同发展。这种协同发展不仅促进了生产要素组合方式的突破性变化，形成了经济增长的新动能，而且通过新技术的应用，引发了新产业、新业态和新模式的兴起，有效培育了农村新经济，延长了农村产业链条，提升了农村产业发展的附加值。新质生产力赋能乡村振兴，是紧紧围绕产业兴旺、生态宜居、乡风文明、治理有效、生活富裕的总要求，推动包括产业振兴、人才振兴、文化振兴、生态振兴、组织振兴在内的全面振兴。这一过程充分激发了乡村发展的“内生动力”，为乡村的可持续发展提供了坚实的支撑。

一是新质生产力在乡村产业振兴中扮演着至关重要的角色，它是乡村振兴的基石和核心。乡村产业振兴的愿景在于激活乡村产业活力，推动一、二、三产业的融合发展，延伸农村的产业链，实现乡村产业的智能化和数字化转型。目标是构建以现代农业园区、科技园区和乡村现代服务业集群等为平台的现代乡村产业体系。新质生产力通过优化乡村振兴的三大要素组合，为实现乡村产业振兴的目标提供了强有力的支持。例如，从新型劳动者的视角来看，新质生产力能够加强农业科技人才对乡村产业振兴的贡献，开创“人才引领产业”的新阶段，为乡村产业提供具备市场洞察力、技术专长和管理能力的经营型人才。在新型劳动工具方面，新质生产力的发展推动了传统农业生产方式向数字化和智能化的转变。这不仅使乡村特色旅游和文化创意产业成为新的经济增长点，还促进了农业产业链、农产品加工链和乡村服务链的有机融合。这种融合有助于打破乡村各产业之间的界限，既为乡村产业的高质量融合发展注入了新的动力，也加速了乡村产业的转型升级。从新型劳动对象的角度来看，通过建立乡村产业大数据中心，构建了包括数据采集、存储、处理、分析和应用在内的乡村产业数据管理体系。同时，大数据技术的应用在产品溯源、质量认证和精准营销等方面发挥了重要作用，有效推动了乡村产业的高质量发展。根据中国农业农村部发布的数据，截至 2023 年，我国乡村产业数字化水平显著提升，农业科技进步贡献率进一步增加至 63.3%。这些数据表明，新质生产力在促进乡村产业现代化方面发挥了积极作用。

新质生产力的发展为乡村产业振兴提供了新的思路和动力。通过培养新型劳动者、发展新型劳动工具和利用新型劳动对象，新质生产力正在推动乡村产业的全面转型和升级，为实现乡村振兴的宏伟目标奠定了坚实的基础。

二是乡村人才振兴是实现乡村振兴的关键一环，它为乡村的全面发展提供了突破口和动力源泉。新质生产力在此过程中发挥着至关重要的作用。首先，新质生产力的注入推动了乡村基础设施的全面升级，为乡村人才创造了良好的居住和工作环境。这有助于缩小城乡发展差距，重建乡村社会关系，为乡村振兴培养和吸引一批高素质的新质人才。其次，新质生产力促进了乡村人才队伍的全面升级，使其成为乡村振兴的中坚力量。通过提高人才结构与乡村社会发展需求的匹配度，充分发挥人才聚集效应，以高素质的乡村科技型人才为引领，推动乡村各项事业的高质量发展，激发乡村振兴的人才创新活力与发展潜能。最后，在数字化技术的助力下，新质生产力进一步赋能乡村人才振兴。互联网、云平台等数字技术的广泛应用，以及知识、信息等新型劳动对象的有效利用，使海量数据得以收集和在线整合。这为打造乡村网络学习平台提供了可能，推动了培训资源向乡村的下沉，促进了乡村人才的培养和发展。同时，乡村线上直播、“云”带岗等新型引才方式的运用，有效地吸引了人才资源向乡村聚集，开拓了乡村人才资源配置的新空间。这种新型引才方式不仅提高了乡村人才引进的效率，也为乡村人才提供了更广阔的发展平台。农业农村部于 2024 年 2 月公布的统计数据显示，截至 2023 年，我国农村实用人才总量已超过 2300 万人，其中高素质农民累计培育规模达 800 万人，新型农业经营主体数量达到 620 万家。此外，《2023 年全国高素质农民发展报告》2024 年 1 月 4 日发布的数据显示，2022 年我国培养高素质农民 75.39 万人，高素质农民中获得农民技术人员职称、国家职业资格证书的比例分别比 2021 年提高了 6.64 个百分点、3.46 个百分点。近年来我国乡村人才队伍建设取得了显著成效。我国乡村人才总量持续增长，乡村人才结构不断优化，为乡村振兴提供了坚实的人才支撑。

新质生产力赋能乡村人才振兴，不仅提升了乡村基础设施和人才队伍的整体水平，而且通过数字化技术的运用，为乡村人才的培养、引进和发展提供了新的思路和平台。这为乡村振兴注入了新的活力，为实现乡村产业兴旺、生态宜居、乡风文明、治理有效、生活富裕的总要求奠定了坚实的基础。

三是乡村文化振兴是推动乡村振兴不可或缺的组成部分，它在解放思想、价值引领和构筑精神家园方面发挥着至关重要的作用。乡村文化不仅能够打破城乡之间的界限，促进城乡文化的融合，而且能够满足农民日益增长的精神文化需求，实现农民精神生活的共同富裕。在新质生产力的推动下，乡村文化振兴呈现出新的活力。首先，新质生产力有助于挖掘和培养乡村文化人才，这些人才具备坚定的思想理论基础和较高的文化及审美素养，能够推动城乡文化人才的双向流动和交流体系的构建。其次，新质生产力通过运用大数据、人工智能等现代信息技术，不断创新文化记录、储存、处理和传播的方式，推动文化数据的要素化。通过建立包含丰富文化资源的数据平台，实现文化数据的开放共享，形成数字文化新业态，这有助于乡村传统文化的传承与创新。最后，新质生产力还有效促进了乡土特色文化资源的保护、宣传和开发，实现了特色文化产业与特色旅游业的深度融合。利用虚拟现实技术，可以将乡村的传统文化和历史文化遗产以全新的方式呈现，为人们提供沉浸式的文化体验，探索乡村文化振兴的新路径。文化和旅游部 2024 年 8 月发布的《2023 年文化和旅游发展统计公报》显示，2023 年全国乡村旅游市场规模持续扩大，全年接待游客总人次达 30 亿，较上年同期增长 20%。在经济效益方面，乡村旅游业务收入达到 1.8 万亿元，同比增长 12.3%。近年来我国乡村文化旅游业发展迅速，2023 年乡村文化旅游接待人数和旅游收入均实现稳步增长，这反映出乡村文化振兴在促进地方经济发展和文化传承方面发挥了积极作用。

新质生产力为乡村文化振兴提供了新的动力和平台。通过培养乡村文化人才、创新文化传承方式和促进文化与旅游的融合，新质生产力正在为乡村文化的繁荣和振兴开辟新的道路。这不仅丰富了农民的精神文化生活，也为乡村的可持续发展注入了新的活力。

四是乡村生态振兴是实现乡村振兴的重要组成部分，也是社会主义生态文明建设的关键环节。新质生产力的引入，以其绿色、低碳的特性，为乡村生态振兴提供了新的动力和方向。这种生产力的运用有助于培养具有生态文明意识和绿色生活理念的新型职业农民，推动乡村经济的全面绿色转型，提升资源的高效利用。在农业领域，新质生产力的应用促进了智能水肥系统的普及，这不仅提高了水资源和肥料的利用效率，还通过新一代物联网技术加强了农作物病虫害的防治，减少了化肥的使用，从而降低了农村环境污染，提升了农产品的生态价值。在乡村工业和商业领域，新质生产力的推广有助于降低环境污染，提升乡村产业的绿色发展水平。通过采用清洁能源和环保技术，乡村产业能够在保护生态环境的同时实现经济效益的增长。在乡村生态资源的利用和开发方面，数字化平台的应用提高了决策的精准性。以绿色技术为驱动，以数据等可再生资源为核心，促进了乡村生态资源的有效利用和合理开发，减少了资源浪费和环境污染，实现了经济、社会和生态效益的和谐统一。生态环境部 2024 年 6 月发布的《2023 中国生态环境状况公报》显示，我国乡村生态环境质量在多领域实现提升，一是环境空气质量优良天数比例达 85.5%，扣除沙尘影响后升至 86.8%，超额完成年度目标；二是地表水优良（Ⅰ—Ⅲ类）水质断面比例达 89.4%，较 2022 年提升 1.5 个百分点，较 2016 年累计上升 21.6%；三是受污染耕地安全利用率达 91% 以上，重点建设用地安全利用率达到 100%，全国土壤污染加重趋势被初步遏制，农用地土壤环境状况总体稳定。2023 年我国乡村生态环境质量在空气质量、水资源和水环境以及土壤环境等方面均呈现出持续改善的趋势，农业面源污染得到有效控制，乡村绿色发展水平显著提升。这些数据反映了新质生产力在推动乡村生态振兴方面的积极作用。

总体而言，新质生产力的赋能为乡村生态振兴注入了新的活力。通过促进农业的智能化和绿色化，提升乡村产业的环保水平，以及优化生态资源的管理和利用，新质生产力正在为构建美丽乡村、实现乡村可持续发展目标提供坚实的支撑。

五是乡村组织振兴是增强乡村社会凝聚力和活力的关键途径，对于推动乡村社会治理现代化具有重要意义。新质生产力以科技创新为核心，为乡村组织振兴提供了坚实的支撑。首先，新质生产力通过大数据、机器学习和智能算法等人工智能技术，构建了乡村治理的数字化平台。这一平台打破了传统治理的时空限制，促进了多元主体的协同共治，形成了乡村治理的新格局。它实现了乡村治理工作的数字化、治理场景的智能化、党员教育的精准化以及群众工作的高效化。其次，新质生产力培养了一批具有高数字素养和政治素养的新型职业农民。这些农民在乡村治理中发挥了主体作用，有效解决了乡村治理中人才流失和人才缺位的问题，进一步提升了乡村治理的效能。《乡村全面振兴规划（2024—2027 年）》明确将“数字治理能力提升”列为重点工程，要求 2025 年前实现全国行政村 5G 网络和智慧治理平台全覆盖，2024 年新增的“全国乡村治理示范村”中，智能化治理达标率超过 95%。此外，安徽省机构编制网 2025 年 1 月发布的《数智技术赋能乡村治理现代化》报告披露，截至 2024 年底，全国 90% 以上建制村已实现“互联网 + 村务”平台覆盖，基层事务在线审批效率提升 40% 以上。近年来我国乡村治理体系和治理能力现代化水平不断提升，乡村治理数字化、智能化水平显著提高。这些数据反映了新质生产力在推动乡村组织振兴方面的积极作用。为了进一步推动乡村组织振兴，需要加强乡村治理体系和治理能力建设，提高乡村治理的科学化、规范化、精细化水平。同时，要充分发挥农民在乡村治理中的主体作用，激发乡村治理的内生动力。此外，还需要加强乡村治理人才队伍建设，培养一批懂农业、爱农村、爱农民的乡村治理人才。通过提高农民的数字素养和政治素养，使他们成为乡村治理的重要力量。

总之，新质生产力赋能乡村组织振兴，不仅提升了乡村治理的现代化水平，也为乡村治理注入了新的活力。通过构建数字化治理平台、培养新型职业农民、加强治理体系和能力建设，新质生产力正在为实现乡村治理现代化、推动乡村振兴贡献力量。

五、新质生产力驱动乡村振兴

随着新质生产力的不断赋能，农村发展呈现出显著的新特征。这些特征主要包括生产过程的高度机械化、生产技术的科学化创新、增长方式的集约化转型、经营循环的市场化运作、生产组织的社会化协作，以及生产绩效的优化提升。在这一过程中，劳动者的智能化水平也得到显著提高，成为推动农村发展的关键因素。

在乡村振兴的道路上，掌握新知识、新技术的新型劳动者，依托物联网、人工智能等现代化劳动工具，对数据和信息等新型劳动对象进行深度改造，从而激活新型生产要素的倍增效应。这不仅促进了新型生产要素与传统生产要素的有机融合，优化了要素投入结构，提高了要素组合效率，而且推动了农村资源整合和要素重组，进一步激发了农村生产力的巨大潜能。根据农业农村部发布的最新数据，新质生产力的注入显著提高了农村资源配置的效率和全要素生产率。以浙江省为例，自2021年8月起，该省以农业“双强”行动为契机，全面推进了丘陵山区农业机械化、基础设施的宜机化改造以及农业新品种选育等重大科技攻关项目。这些措施不仅有效地促进了农业的稳定生产和增长，也为农民的持续增收提供了动力。这些实例表明，新质生产力的赋能正在推动农业生产方式的现代化，通过技术创新和机械化改进，实现了农业生产效率的飞跃，增强了农业的可持续性和农民的收入水平，为乡村振兴和农业农村现代化提供了有力的数据支持和实践案例。与此同时，一系列原创性、颠覆性技术的不断涌现，为新质生产力的发展注入了强大动力。这些技术不仅打破了城乡间生产要素流动的壁垒，促进了劳动力、资本、土地、知识、技术等要素的高效流动和创新性配置，还增强了农村对优质生产要素的吸引力。新生产要素的注入和原有生产要素的创新性配置，共同推动了乡村传统产业的转型升级。

在新质生产力的推动下，依托人工智能、物联网等先进信息技术和数字化系统，农村经济发展模式发生了深刻变革。由过去主要依赖劳动力和资源转向依靠技术和资本驱动，农村传统生产方式、交易流通方式和融资方式均实现了革新。这促进了传统农村经济由低技术、高投入的传统发展方式向高质量、低消耗、高效益的绿色发展方式转变。据最新研究报告指出，新质生产力驱动下的农村经济正向着集约化、精准化、智能化和数据化方向发展，为乡村振兴注入了强劲动力。

第三节　协同发展的实践路径

一、普及乡村数字基础设施

在推进乡村振兴的过程中，数字技术的融合至关重要。这不仅涉及加强乡村地区的数字基础设施建设，而且要实现农业生产的智能化和乡村治理的智慧化。普及乡村数字基础设施，需要从以下几个方面着手解决。

首先，政府要增加对乡村数字基础设施的投资，并完善政策体系。对于山区和丘陵地带等网络覆盖不足的地区，应设立专项基金，以支持网络的建设和优化。通过增设基站、优化网络布局、提升信号强度和覆盖范围，确保乡村居民能够获得稳定且高速的网络服务。据《中国数字乡村发展报告（2023）》显示，截至 2022 年 6 月，我国现有行政村已全面实现“县县通 5G、村村通宽带”，基本实现与城市同网同速，说明农村地区的网络接入条件已基本完善，为农村互联网普及和数字化发展奠定了坚实的基础。此外，政府还要制定明确的目标、任务和措施，加强政策执行，确保政策落地。其次，提升乡村信息服务系统和数据平台的建设水平。政府应引导和支持构建农业信息服务平台，整合农业生产、市场信息及农业技术等资源，为农民提供全面的信息服务。这些平台应定期发布市场动态、农业技术知识和农产品价格等信息，帮助农民更准确地把握市场趋势，提高农业生产效率。同时，建立农业大数据平台，收集和分析农业生产数据，为农民提供个性化的种植和养殖建议，提升农业生产的智能化。再次，提高农民的数字素养和技能。政府和社会组织应开展数字素养培训，针对不同年龄和文化背景的农民制定个性化培训计划，确保培训内容满足农民的实际需求。培训内容应包括智能手机操作、农业应用的使用和电商平台操作等，帮助农民掌握数字化技术的基本知识和技能。同时，通过宣传教育提高农民对数字化技术的认识和接受度，利用广播、电视、网络等渠道进行广泛宣传，让农民了解数字化技术的重要性，并组织农民参观数字化技术应用示范点，激发他们的学习热情。2023 年 6 月，人力资源社会保障部印发《数字人社建设行动实施方案》，提出分层级组织人社干部开展数字化业务能力培训，把数字素养纳入业务技能练兵比武活动。四川、陕西、福建等省陆续开展干部队伍数字素养培训活动，解读数字中国战略部署，研讨数字经济领域的基础理论。农业农村部实施“耕耘者”振兴计划，面向乡村治理骨干和新型农业经营主体开展免费培训，2023 年培训总人数达 4.1 万人，已覆盖到全国 3.4 万个村庄。最后，《数字乡村发展行动计划（2022—2025 年）》强调了完善乡村数字化治理体系的重要性。基于我国的基本国情和农村现状，充分利用新型数字基础设施，推动数字化乡村建设。针对乡村数字化治理水平不足的问题，应加强数字化治理技术的研发和应用，推动乡村治理向数字化、智能化发展。引入大数据、云计算、人工智能等技术，开发适用于乡村治理的数字化管理系统，实现治理的智能化和高效化。同时，完善数字化治理的体制机制，明确各部门职责，加强沟通协作，形成推进乡村数字化治理体系建设的合力。建立数字化治理的评估机制，定期评估和反馈，及时发现并改进问题。此外，利用数字化平台广泛收集村民意见，增强政府决策的民意基础，建立村民意见征集系统，利用数字化技术分析和挖掘数据，提升决策的科学性和准确性。通过这些措施，可以有效地普及乡村数字基础设施，缩小数字鸿沟，促进乡村地区的数字化转型和智能化升级。

二、升级乡村传统产业

乡村传统产业面临着一些挑战，如资源利用效率较低、产业链不够完整、附加值不高、环境质量有待提升等。同时，随着消费者对绿色、健康、个性化产品的需求日益增长，以及信息技术的飞速发展，为乡村传统产业提供了转型升级的新机遇。在推动乡村传统产业转型升级的过程中，智能化、数字化技术的应用能显著提升生产效率，优化资源配置，应朝着智能化、数字化和绿色化的方向发展。以下是一些具体的策略。

第一，产业布局的优化和集聚的促进是关键。要制定详尽的产业规划，明确不同地区的产业特色和发展前景，以减少产业间的同质化竞争。同时，应加强农业、农产品加工、乡村旅游等产业的整合，构建完整的产业链，从而提升整体的附加价值。政府的角色至关重要，可以通过提供财政补贴、税收减免等激励措施，引导企业向产业园区或产业集群集中，以实现规模经济和协同效应。此外，要鼓励乡村地区利用其独特的本地资源和特色，发展新兴产业，如特色农业和生态旅游等，这不仅有助于培育新的经济增长点，也为传统产业的转型升级提供了坚实的基础，实现可持续发展。第二，培养推动发展的人才和技术核心力量。政府应设立专项基金，以资助乡村产业的技术创新和产品开发。这一做法不仅能够促进产业的智能化和数字化，还能加速绿色化进程。建立产学研合作平台至关重要。通过这一机制，高校、科研机构与企业能够紧密协作，共同推动科技成果的转化和实际应用，从而提升产业的整体技术水平。此外，创新氛围的营造同样不容忽视。通过组织创新竞赛、设立奖励机制等手段，可以激发企业和个人对创新的追求和热情，进而推动产业的持续创新。同时，对技术人才的引进和培养也应成为重点。提供有吸引力的待遇和优良的工作环境，以吸引并留住专业人才，特别是信息技术和农业科技领域的专家，这对于乡村产业的长远发展至关重要。第三，优化资源配置及信息处理。政府可以建立市场信息平台，以便实时更新市场动态和趋势，为企业决策提供数据支持。同时，应积极推广电子商务等新型销售模式，以拓展市场渠道，增加乡村产业的市场竞争力。资源配置方面，应注重土地、资金、劳动力和数据等要素的合理分配与高效利用。通过土地流转和金融支持等措施，促进资源的优化配置和共享。此外，加强环保意识和推广绿色生产理念，以实现产业的可持续发展。第四，政策体系的完善和执行力度的加强同样关键。政府应制定精准的扶持政策，针对乡村产业转型升级中的关键问题提供有效支持。加强政策宣传和解读，以确保政策能够落地并发挥实际效果。在制度改革上，应简化审批流程，降低企业运营成本，并加强知识产权保护，为创新活动提供法律保障。社会宣传和文化引导也是不可或缺的。政府可以通过举办培训班和文化活动，提高乡村地区对新技术和新模式的接受度。同时，挖掘和传承乡村文化，打造具有地方特色的文化品牌，为产业转型升级提供文化支撑。此外，通过加强社会舆论引导，营造积极向上的社会氛围，促进社会观念的转变和进步。通过这些综合性措施，乡村传统产业不仅能够在保持其独特性的同时实现转型升级，还能在智能化、数字化和绿色化的道路上迈出坚实的步伐。为了进一步提升农民的数字技能、科技素养和市场意识，可以通过举办培训班、实施远程教育等措施，加大对乡村人才培养的投入。积极引进外部专业人才，尤其是那些能够为乡村产业发展带来新思路和新技术的人才。第五，建立有效的激励机制，鼓励人才长期投身乡村，参与到产业的改造和升级中，以此激发乡村的创新创业活力，为乡村经济的可持续发展奠定坚实基础，并实现现代化转型。

三、发展乡村新产业

新质生产力作为重要基石支撑新兴产业的发展，对于构建现代化产业体系、推动城乡融合发展并最终实现共同富裕目标具有关键作用。乡村产业创新与发展是实现农民增收和乡村振兴的重要途径，需借助新质生产力深度推动农村产业转型升级，以实现乡村产业振兴，并将其打造为乡村振兴的强大“新引擎”。

首先，积极培育并发展农村新产业、新业态与新模式。习近平总书记强调，应关注农村新产业与新业态的发展，推动农产品加工业的优化升级，并将现代信息技术融入农业的生产、加工及销售各环节。为此，应深入挖掘乡村的生态、文化等特色资源，大力发展乡村休闲旅游、文化体验、健康养老、农村电商等新兴产业与新业态，通过创新乡村消费模式，进一步促进农村经济发展质量与效益的提升，并优化农村产业结构。同时，通过建立“数字乡村”在线教育平台，培养熟悉数字化终端操作的电商人才，有效助推农村电商新业态的蓬勃发展。此外，应出台相关优惠政策，加强农村公共基础设施建设，鼓励在乡村创办环境友好型企业，促进文化与旅游产业的融合发展。利用大数据、物联网、虚拟现实等数字技术，打造“云农场”，探索创意农业、认养农业等新模式。其次，结合地方实际情况培育和发展农村新质生产力，形成以新质生产力为核心的现代化产业体系。一是利用新质生产力促进高附加值农业产业链的形成。以产业发展和规模经营需求为导向，推动各类农村经济主体依托特色产业、紧贴市场需求，因地制宜地培育和发展新质生产力。针对农业产业链不完整、产业结构不合理等问题，将农业产业布局优化作为构建现代农业产业体系的重要支撑。实施农业产业化经营战略，利用资源禀赋优势推动农业产业向规模化、区域化方向发展。以科技创新为动力，探索农业规模化、机械化、标准化、品牌化的现代化发展路径，以数智化技术催生乡村未来农业新产业。二是利用大数据的信息流优势，改善市场信息不对称状况，开辟全新的销售渠道，推动农业生产向集约化、精准化、智能化和数据化方向转型，重塑农业产业链全流程，借助新一轮科技革命加速产业改造和智能化建设。三是借鉴日本农业现代化中的精耕细作等模式，通过实施“农业工业化”战略，在高度机械化的基础上融入智能化技术，并建立标准化的生产流程和系统化的农业科技创新体系，推动农村第一、二、三产业的融合发展，从根本上解决农业生产效率低、农产品产出低和农民收入低的问题。应借助新质生产力中的颠覆性科技创新推动产业深度转型升级，构建更加完善的农业产业体系，实现传统产业与新兴产业的融合发展，以及农业全链条、全产业、全过程的智能化。四是发展以科技创新为导向的新产业，丰富新质生产力的培育和发展载体。现代化产业体系依托现代化技术和生产要素，以新一轮科技革命和产业变革带来的新产业、新业态、新模式为载体，以产业深度融合为特征。应利用大数据、云计算等新一代信息技术推动农村产业转型升级，依托生物育种技术发展现代农业产业，通过新质生产力的现代化要素支撑加速智慧农业、生物育种、元宇宙农场等新产业布局，实现科研、生产、加工、消费各环节的产业一体化，促进形成涵盖农产品加工、农业环保、乡村观光、康养休闲等在内的农村现代化产业体系，不断提升农村经济的产业化水平。

四、培育乡村新型人才

2024年中央一号文件正式发布，着重指出“强化乡村人才队伍建设”，这与习近平总书记于2022年底在中央农村工作会议上所强调的“要坚持本土培养和外部引进相结合，重点加强村党组织书记和新型农业经营主体带头人培训，全面提升农民素质素养，育好用好乡土人才；要引进一批人才，有序引导大学毕业生到乡、能人回乡、农民工返乡、企业家入乡，帮助他们解决后顾之忧，让其留得下、能创业”的观点高度一致。由此可见，培育乡村复合型新型人才是推动新质生产力赋能乡村振兴的关键措施。[44]

首先，需明确培养目标与路径，并加大教育资源投入与整合力度。应迅速确定所需人才的类型、数量及技能构成，以满足乡村产业转型升级与可持续发展的迫切需求。同时，结合乡村实际情况，制订具有地方特色的培养计划，确保培养出的人才能够切实为乡村发展贡献力量。应加大对乡村教育的投资，改善学校硬件设施与师资力量，确保乡村学生能接受高质量教育。同时，整合政府、企业、社会组织等多方教育资源，形成协同效应，共同助推乡村教育发展。其次，优化教育内容与教学模式。针对乡村复合型新人才的特点与需求，调整教育内容与教学方式。在内容上，注重跨学科知识融合，将现代农业技术、市场营销、电子商务等多领域技能融入教学体系，构建学生全面的知识与技能框架。在教学上，强调实践性与创新性，加强实践教学与创新创业教育，着力培养学生的实践操作能力与创新思维。再次，构建全面的培训体系，为乡村人才提供持续的学习与成长平台。例如，设立多元化培训机构，定期举办培训活动，邀请专家学者授课等，确保培训内容具有针对性与实效性，使培训成果有效转化为乡村发展的驱动力，在培育本土人才的同时，积极引进外部人才资源，为乡村发展注入新活力。通过政策引导与待遇激励，吸引更多高素质人才投身乡村建设，并建立健全城乡人才双向流动机制，实现人才资源的优化配置。此外，营造有利的人才发展环境。加大对乡村基础设施的投资，改善乡村生产生活条件，增强乡村吸引力。营造尊重人才、关怀人才的良好氛围，让人才在乡村感受到归属感与成就感。建立有效的人才激励机制，通过物质与精神双重奖励，激发人才的积极性与创造力。最后，制定并完善相关政策体系，为人才培养提供坚实的制度支撑，包括推出人才培养计划、制定人才引进政策、优化创新创业支持政策等。加强政策的宣传与解读，确保政策能够有效落地并发挥作用。

第四章　乡村振兴中的文旅融合路径

第一节　乡村振兴背景下的文旅融合

乡村振兴战略，已成为推动我国农业农村现代化发展的重要举措。该战略不仅关注农业生产力的提升，更重视农村文化传承、生态保护和农民生活水平的提高，其中文旅融合是实现乡村振兴的关键路径之一。乡村振兴战略对文旅融合有如下促进作用。

一、文化传承与创新

在国家层面，乡村振兴战略已被赋予了重大意义，其深远的影响遍及乡村的每个角落。该战略特别强调了乡村传统文化的保护与传承，这不仅是对乡村历史的一种尊重，更是对乡村文化生命力的延续和发扬。在这一战略的推动下，乡村地区开始积极地挖掘和整理其独有的文化资源，包括但不限于传统手工艺、丰富多彩的民俗活动以及代代相传的民间故事。这些文化资源不仅是乡村文化多样性的体现，更是文旅融合的坚实基础，为乡村旅游的发展提供了丰富的内容和形式。该战略鼓励将传统文化与现代元素相结合，推动文化创新，为文旅融合注入了源源不断的创新动力。在这种鼓励下，一些乡村地区开始尝试通过举办文化节庆、艺术展览等活动，将传统文化与现代艺术形式相融合，创造出具有地方特色的文化旅游产品。

这些产品不仅吸引了大量游客前来体验，而且丰富了乡村旅游的文化内涵。例如，天津市蓟州区依托其丰富的自然和文化资源，大力发展乡村旅游，提升运营管理和服务接待能力，打造城市居民向往的乡村旅游目的地。通过举办各种文化节庆活动，如“乾隆游盘山大典”实景演出，结合历史与文化，吸引了大量游客，丰富了乡村旅游的文化内涵，提升了其吸引力。乡村振兴战略下的文化传承与创新不是对传统文化的简单复制，而是在继承中创新，在创新中发展。这种发展模式不仅有助于保持乡村文化的多样性和活力，也为乡村旅游的发展提供了新的动力和方向。通过文化传承与创新，乡村地区能够更好地展示其独特的文化魅力，吸引更多的游客，推动乡村旅游经济的发展，实现乡村地区的全面振兴。在此过程中，政府、企业和社区组织应共同努力，形成推动文化传承与创新的强大合力。政府需要加强政策支持和资金保障，企业需要发挥其在市场运作和技术创新方面的优势，社区组织则需要充分调动社区居民的参与热情，共同推动乡村文化的传承与创新。

二、经济发展模式的转型

乡村振兴战略的实施，虽然为乡村经济的全面发展注入了新的活力，但也带来了一系列挑战。在这一宏观背景下，文旅融合逐渐成为乡村经济转型的关键途径。通过深入挖掘和利用乡村地区的自然风光、历史文化等独特资源，发展具有地方特色的旅游项目，乡村地区得以打破传统农业经济的桎梏，迈向经济多元化发展的新阶段。文旅融合的推进有效促进了乡村地区餐饮、住宿、交通等相关产业链的发展。这些产业的兴起不仅给乡村地区带来了新的经济增长点，也为当地农民提供了更多的就业机会和更广阔的收入来源。随着特色旅游的不断深化，一些乡村成功打造了具有自身特色的旅游线路和产品，吸引了大量国内外游客，显著提升了当地的知名度，增加了农民的收入。例如，四川省宜宾市高县来复镇通过“土地流转 + 务工”等模式，让村民深度参与到乡村旅游产业中，实现了文化传承与创新的结合。村民不仅通过土地流转获得租金，还能通过参与旅游项目获得收益，实现了收入的多元化。此外，一些乡村地区通过网络平台，将传统手工艺产品（剪纸、刺绣等）推广至全国乃至国际市场，成为乡村文化传承与创新的成功案例。相关数据显示，近年来我国乡村旅游发展迅速，文化和旅游部联合互联网平台实施的《乡村旅游数字提升行动方案》（2023年）覆盖全国31个省份2124个县（区），累计服务超1.3万个乡村文旅经营主体，直接带动成交金额超15亿元。该行动通过短视频平台推广活动实现超108.8亿次话题播放量，推动贵州“村超”、潮汕“英歌舞”等乡村文旅内容出圈。文化和旅游部2025年4月发布的68条全国乡村旅游精品线路覆盖全国20余省份，整合农耕文明、民俗文化等资源，形成“多彩乡村+欢聚过年”特色产品体系。截至2024年11月，我国以15个“最佳旅游乡村”位列联合国旅游组织评选总数全球第一。已成为旅游业的重要组成部分。在一些乡村旅游发展较好的地区，农民的人均收入已经超过了城市居民的平均水平。[45]这一现象充分说明了文旅融合在推动乡村经济转型和多元化发展方面的巨大潜力。

三、基础设施与公共服务的改善

政府对乡村基础设施的投入显著增加，这其中包括了对乡村交通条件的改善。首先，通过修建和升级乡村道路，不仅提高了乡村地区的交通可达性，也极大地方便了游客的进出，增强了乡村旅游的吸引力。例如，根据《促进乡村旅游发展提质升级行动方案》中的描述，适宜乡村旅游的公路和停车设施的建设规范和运营管理标准已经出台，这些措施有效地提升了旅游承载能力。[46]其次，通信网络的覆盖和提升是乡村振兴战略中另一个关键的基础设施改善领域。在乡村地区，通信网络的普及和升级不仅使当地居民能够更便捷地获取外界信息，也为乡村旅游的宣传和推广提供了技术支撑。这为文旅融合中的信息传播和市场营销活动提供了便利条件，有助于提升乡村地区的知名度和吸引力。最后，旅游服务设施的完善也是乡村振兴战略中的重要组成部分。通过改善和增加旅游服务设施，如游客中心、旅游标识系统、公共卫生设施等，乡村地区的旅游服务功能得到了显著增强。这些服务设施的完善不仅提高了游客的旅游体验，也提升了乡村旅游的整体服务质量。

四、社区参与及利益共享

乡村振兴战略强调社区居民的参与和利益共享机制的建设。在文旅融合的过程中，鼓励社区居民积极参与旅游项目的开发和管理，确保他们能够从旅游发展中获益。一些乡村地区通过成立乡村旅游合作社、农家乐协会等组织形式，将社区居民纳入旅游产业链中，让他们直接参与到旅游服务的提供和管理中来。这种社区参与和利益共享的机制不仅增强了社区的凝聚力，也提升了乡村地区的自我发展能力。[47] 同时，乡村振兴战略注重保障社区居民的权益和利益。在文旅融合的过程中，政府和社会资本的合作模式得到了广泛应用。政府通过引入社会资本进行旅游开发和管理，确保社区居民在旅游发展中的权益得到保障。例如，一些地区通过设立旅游发展基金、提供旅游扶贫项目等方式，确保社区居民能够从旅游发展中获得实实在在的利益。

五、政策支持与法规完善

乡村振兴战略的实施离不开国家层面的政策支持和资金投入。为了推动文旅融合的深入发展，国家出台了一系列相关政策和法规，为文旅融合提供了良好的发展环境。[48] 在政策支持方面，国家通过财政补贴、税收优惠、土地政策等措施，鼓励社会资本投入乡村旅游和文旅融合项目。同时，政府加大了对乡村旅游和文旅融合项目的宣传推广力度，提升了其知名度和影响力。在法规完善方面，通过制定相关法规和标准，国家加强了对乡村旅游和文旅融合项目的监管和管理，规范了市场行为，保护了消费者和文化遗产的权益。例如，国家出台了《乡村旅游服务规范》等标准，对乡村旅游的服务质量、安全卫生等方面进行了规范和要求；《关于促进乡村旅游可持续发展的指导意见》等文件明确提出要加大对乡村旅游和文旅融合项目的政策支持力度，推动其实现可持续发展。这些政策和法规的出台为文旅融合提供了有力的制度保障和良好的发展环境。

综上，乡村振兴战略的实施为文旅融合提供了全方位的支持，从文化传承、经济转型、基础设施建设、社区参与到政策环境的优化，共同推动了乡村文旅融合的深入发展。通过这些措施，乡村地区能够更好地实现文化价值的传承与创新，经济的多元化发展，社区的和谐与进步，以及生态环境的保护与利用，为实现乡村振兴奠定了坚实基础。

第二节　乡村文旅融合发展的内在逻辑

一、目标一致

在探讨文化产业与旅游产业的融合过程中，人们首先需要认识到两者共同追求的核心目标，即满足人民对美好生活需要的日益增长。这一目标不仅体现了人民对精神文化生活和物质生活双重提升的期待，也是推动社会全面进步和人的全面发展的重要动力。然而，实现这一目标的过程并非没有挑战。文化与旅游两个系统因其本质的差异性，在管理方式方法上存在明显的区别。文化管理，既包含行政属性也包含市场属性，这决定了其工作的两个主要方向：一是提供丰富的公共文化服务，以满足人民群众基本的文化需求；二是对文化市场进行有效管理，以保障文化产品的质量和多样性。这种双重属性要求文化管理在追求经济效益的同时，更加注重社会效益和文化效益，确保文化内容的健康和积极。与文化管理不同，旅游管理虽然同样涉及公共服务，但其市场属性更为显著。旅游管理的核心在于通过市场机制，推动旅游产业的发展，满足人们旅游休闲的需求，同时带动相关产业的共同繁荣。在这一过程中，旅游管理需要关注旅游产品的创新、旅游服务的质量、旅游市场的规范等问题，以实现旅游业的可持续发展。进一步来看，文化管理的另一重要维度是其与意识形态和国家文化安全的紧密联系。文化产品往往承载着一定的价值观念和文化理念，对人们的思想和行为具有深远影响。因此，文化管理不仅要追求经济效益，更要重视其带来的社会效益，确保文化产品的导向正确，符合社会主义核心价值观，促进社会和谐稳定。此外，文化管理还涉及对文化遗产的保护和传承。文化遗产是一个国家和民族历史发展的见证，具有不可替代的价值。文化管理部门需要通过科学的规划和管理，保护好这些珍贵的文化遗产，同时通过创新的方式，使其在现代社会发挥更大的作用，为人们提供丰富的文化滋养。在文旅融合的过程中，如何处理好文化与旅游的关系，实现两者的协调发展，是一个值得深思的问题。一方面，需要充分发挥文化产业和旅游产业的互补优势，通过文化丰富旅游内涵，通过旅游传播文化价值，实现互利共赢；另一方面，需要关注文旅融合过程中可能出现的问题，如文化资源的过度商业化、旅游开发对文化生态的破坏等，通过科学的规划和管理，确保文旅融合的健康发展。总之，文化产业和旅游产业的融合发展，是一项系统工程，需要政府、市场、社会各方的共同努力。

二、主客共享

“主客共享”理念是乡村文旅融合空间发展的基本市场规律。这一理念强调的是，无论是本地居民还是外来游客，都应共享同一文旅空间所带来的便利与愉悦。这样的空间，既是本地居民日常生活的一部分，又是外来游客体验当地文化的重要场所。在这一过程中，两类客群的不同需求和行为活动在同一物理空间中共存，这不仅丰富了文旅空间的内涵，也推动了文旅融合由单点向多面的转变。然而，在这一融合过程中，必须认识到本地居民和外地游客因其特点差异而带来的市场逻辑的不同。本地居民更倾向于服务经济属性，他们对文旅空间的需求更多体现在日常生活的便利性、舒适性和文化休闲上。他们希望文旅空间能够提供高质量的服务，满足其对美好生活的追求，从而建立起对地方文旅品牌的忠诚度，促进文旅产业的可持续发展。相对而言，外地游客则更关注流量经济的要素。他们往往寻求独特的旅游体验和新奇的文化享受，希望通过旅游活动获得即时的满足和社交网络上的分享价值。因此，针对外地游客的文旅发展策略，往往需要高投入和大制作，通过打造具有"网红效应"的旅游项目，吸引游客的眼球，依靠一次性消费和规模经济来实现经济效益的最大化。这就要求地方文旅发展策略必须兼顾两类群体的需求。一方面，要以服务经济为基础，通过提供高质量的服务，满足本地居民的生活休闲需求，培养其对地方文旅品牌的忠诚度；另一方面，也要以流量经济为亮点，通过创新的旅游项目和营销策略，吸引外地游客，提高旅游吸引力和竞争力。在这一过程中，地方文旅空间的设计和管理需要充分考虑两类客群的特点和需求。例如，可以通过举办各类文化节庆活动，既满足本地居民的文化休闲需求，又为外地游客提供独特的旅游体验。同时，可以通过引入现代科技手段，如虚拟现实、增强现实等，为游客提供更加丰富和新颖的旅游体验。此外，地方文旅发展还需要注重文化资源的保护和利用。追求经济效益的同时，不能忽视文化遗产的保护和传承。通过科学的规划和合理的开发，实现文化资源的可持续利用，让文化遗产在促进地方文旅发展的同时，能得到有效的保护和传承。总之，乡村文旅融合发展是一项复杂的系统工程，需要综合考虑本地居民和外地游客的需求，兼顾服务经济和流量经济的市场逻辑。只有通过高质量的服务和创新的旅游项目，才能实现文旅空间的"主客共享"，从而推动地方文旅产业的可持续发展。在未来的发展中，应继续深化对文旅融合发展规律的认识，探索更多有效的融合模式和路径，为推动地方经济社会发展和文化繁荣贡献力量。

三、载体盘活

在乡村文旅融合发展的进程中，文旅场所载体的优化配置与创新利用是关键环节。这不仅涉及对现有文旅空间的改造升级，也包括对新空间载体的开发与建设，即“载体盘活”，旨在通过精细的“微更新”，实现对现有文旅载体空间的再造与重生，这是对传统大拆大建模式的一种超越。它强调在保持乡村文脉的基础上，通过小规模、渐进式的改造，实现空间功能的优化与提升。这种理念与乡村文旅发展的实际需求高度契合。乡村地区虽然拥有丰富的历史文化资源和独特的自然风光，但也面临着基础设施落后、空间利用效率不高等问题。因此，在乡村文旅融合发展中，应当注重对存量空间的挖掘与利用，避免大规模的拆除重建，减少对乡村文化的破坏和对环境的影响。对于闲置或老旧的文旅空间载体，应当根据其地理位置、建筑特点和社区需求，进行差异化的改造升级。许多这样的空间载体紧邻社区，具有成为公共休闲空间的天然优势。通过改造升级，不仅可以为本地居民提供更加优质的休闲场所，也可以通过融入旅游元素，吸引外来游客，提升其旅游服务功能。例如，可以将老宅院改造为特色民宿，将废弃工厂改造为文化产业园，将旧码头改造为艺术街区等，既保留了乡村的历史记忆，又赋予了空间新的生命力。此外，提高现有社区公共文化设施和空间载体的利用率，是实现文旅高质量融合发展的重要途径。许多社区已经拥有一定数量的公共文化设施，如图书馆、文化活动中心、公园等。但这些设施往往存在使用效率不高、功能单一等问题。因此，需要通过创新管理方式和拓展服务内容，强化这些设施的旅游服务属性。例如，可以在图书馆开设旅游文化讲座，在文化活动中心举办乡村特色展览，在公园设置旅游导览服务等，使外地游客在体验乡村文化的同时，更好地融入当地生活。同时，乡村文旅融合发展不能忽视新空间载体的开发与建设。随着文旅消费需求的多样化和个性化，传统的文旅空间已经难以满足游客的需求。因此，需要根据市场变化和消费趋势，开发建设一批新的文旅空间载体，如主题乐园、体验式农场、文化主题酒店等。这些新载体不仅能够提供更加丰富和新颖的旅游体验，也能够带动相关产业的发展，促进文旅融合的创新和升级。在这一过程中，应当注重文旅空间载体的规划与设计，确保其与乡村文化和自然环境的和谐统一。要充分考虑乡村的历史背景、文化特色、自然条件等因素，使文旅空间成为展示乡村文化魅力、传递乡村文化价值的重要窗口。同时，要注重空间的功能性和舒适性，满足不同客群的需求，提供便捷、舒适、安全的旅游环境。此外，还需要加强文旅空间载体的运营管理，提升服务质量和水平。要建立专业化的运营团队，制定科学的管理制度，提高服务人员的专业素质和服务意识。要加强对文旅空间的日常维护和管理，确保空间的整洁、安全、有序。要加强对游客的服务引导，提供个性化、人性化的服务，提高游客的满意度和忠诚度。

要充分发挥政府、市场和社会的协同作用，形成推动文旅高质量融合发展的强大合力。政府可以加强对文旅融合发展的规划引导和政策支持，营造良好的发展环境。市场要发挥资源配置的决定性作用，激发文旅企业的创新活力和市场竞争力。社会各界要积极参与文旅空间的建设和运营，共同推动文旅融合发展的深入实践。

第三节　乡村振兴中的文旅融合路径研究

一、产业振兴带动文旅融合多元发展

产业兴旺作为乡村振兴的基石，对于推动地区经济的全面发展具有

不可替代的作用。在这一过程中，通过深入分析地区产业发展的现状和产业资源的丰富性，识别并依托那些已经展现出良好发展势头或具有一定发展基础的产业，成为推动文化产业与旅游业协同发展的关键着力点。这种以产业振兴为驱动力，带动文旅融合多元发展的策略，不仅能够促进地区经济的增长，还能够丰富乡村文化生活，提升乡村居民的生活质量。其文化与旅游产业的融合，是一个系统的动态发展过程。这一过程涉及政府的规划和引导、村民的参与和创新、企业的投入和运营、消费者的体验和反馈等多个主体的参与。只有通过多元协同、持续发力，才能实现文旅融合的深度和广度，进而推动乡村经济的全面发展。[49] 同时，作为乡村旅游的新起点，文化与旅游产业的融合正逐渐成为开拓乡村经济发展空间的重要驱动力。产业间的资源、产品、市场等要素的交叉与融合，为乡村地区带来了新的发展机遇。例如，农耕文化、历史文化、民俗文化、红色文化等丰富的文化资源，与自然风光、山水田园等旅游资源的结合，不仅能够挖掘和激活乡村的潜在价值，还能够促进农业、资本、文化、旅游、人才等要素的有效整合，从而拓展乡村的资源空间。在这一过程中，技术、科技、创意等现代要素的渗透和融合同样至关重要。它们能够为传统文化资源注入新的活力，推动文化产业的创新和发展。同时，市场的需求和变化也应当被充分考虑和利用，以确保文旅融合的产品和服务能够满足消费者的期望和需求。值得注意的是，乡村产业与旅游业融合发展的路径并不是单一的，而是呈现出多元化的特点。在文化产业方面，可以通过集群发展，延伸产业链条，发展包括精品文化、绿色文化、休闲文化、科普文化、多功能文化在内的新业态。这不仅能够丰富文化产品和服务的供给，还能够促进文化从生产、加工到体验、科普等上下游产业链的运作，实现文旅融合的多元发展。

文旅融合的发展还需要政策的支持和保障。政府可以出台相应的政策措施，提供必要的资金和技术支持，优化文旅融合发展的环境，引导和鼓励更多的社会资本投入乡村文旅产业，推动文旅融合的多元发展。

二、文化振兴赋能文旅融合特色发展

文化振兴作为乡村振兴战略的核心内容,在乡村振兴的宏伟蓝图中,不仅关乎乡村外在形态的塑造，更关乎乡村内在魂魄的铸造。[50] 文化资源的独特性和丰富性，使其成为推动旅游形象塑造和提升区域核心竞争力的宝贵资产。通过深入挖掘和表达乡村文化，可以有效解决文旅融合发展过程中出现的同质化问题，丰富乡村的旅游特色，进而推动产业在更广阔的范围和更高层次上实现融合。赋能文旅融合的特色发展，首先需要对当地乡村文化进行深入的了解和研究。通过前期的工作，识别并挖掘能够代表乡村特色的文化元素，如民族历史、农耕传统、红色遗产等地域文化特色。这些文化元素的传承和发展，不仅能够丰富乡村旅游的内涵，还能够通过文化的力量吸引游客，提升旅游体验，实现文旅融合的优质发展。在一些基础产业缺乏特色、发展受限的地区，乡村地域文化可以成为推动文旅融合发展的重要着力点。通过文化振兴，可以激活现有的乡村资源，形成集特色农产品、乡村美食、特色民宿、文化体验、深度科普等于一体的多元化的旅游供给体系，从而扩大文旅融合的产业链，为乡村经济的发展注入新的活力。为了避免乡村旅游的庸俗化和同质化，需要深入挖掘乡村文化的内涵，打造具有地方特色的文化 IP，围绕这些特色文化，开发具有创新性的旅游产品和服务，最大化地发挥文化的效用和价值。[51] 例如，通过历史文献、遗址旧址、留存故居等物质文化遗产的挖掘，可以揭示背后的历史人文、乡风民俗、精神文化等深层内涵，为农文旅活动和服务增添文化附加值，实现乡村优秀文化的潜在价值释放和新价值的创造。以湖北堰河村的茶文化为例，该村深入挖掘茶文化资源，修建了茶艺馆、茶坛、茶圣厅、可视化茶叶加工区等设施，将茶文化元素和内涵融入景区景点中,使茶文化成为堰河村旅游的灵魂，助力该村发展成为全国知名的生态文化村。这一案例充分展示了文化振兴在推动文旅融合特色发展中的重要作用。在推动文旅融合的过程中，还应立足乡村文化的内核，融合农业、生态、体育、节庆等多种资源，打造具有地域特色、乡土风情、情感共鸣的高层次、精品化的农文旅项目。这些项目不仅能够展现乡村的文化魅力，还能够实现文化价值向经济价值的转化，为乡村发展注入新的动力。

文化振兴赋能文旅融合特色发展，是一个长期而系统的工程。它需要政府、企业、村民等多方的共同努力和协作，需要科学的规划、合理的资源配置、创新的思维和持续的投入。只有通过不断的探索和实践，才能找到适合当地实际的文旅融合发展路径，实现乡村文化的传承和发展，推动乡村振兴战略的深入实施。

三、生态振兴助力文旅融合深度发展

生态环境的优良既是农村地区显著的优势之一，也是一笔难以估量的宝贵财富。它不仅为农村地区的居民提供了赖以生存的自然环境，而且对于乡村旅游的可持续发展而言，是一个重要的吸引力和核心竞争力。[52]在推动文旅融合的进程中，即便某些乡村地区缺乏能够带动旅游发展的基础产业或者独特的文化特色，依然可以依托其生态环境的优势，开辟出一条生态振兴与文旅融合深度发展的新路径。将乡村的生态优势转化为经济效益，不仅是一种创新的发展路径，也是对“绿水青山就是金山银山”理念的生动实践。这种模式强调以恢复和保护生态环境为起点，推进乡村生态体制的大改革，充分利用乡村的自然景观和人文资源，促进生态要素的激活，从而实现山区资源的活化利用。通过精心的布局和规划，构建起一个集观光、研学、科普、休闲、养生等多功能于一体的文旅融合生态发展模式。在这一发展路径中，第二和第三产业的布局尤为关键。通过优化产业结构，可以助推乡村经济的转型升级，实现从传统农业向现代服务业和旅游业的转变。这不仅有助于提高乡村经济的整体竞争力，也能够为文旅融合提供更为广阔的发展空间和更多元的发展路径。在推进生态振兴的过程中，保护和合理利用山水林田湖等自然资源至关重要。

这些资源既是乡村旅游的核心吸引物，也是实现文旅融合的基础。通过科学的规划和管理，可以最大限度地发挥这些资源的生态价值、经济价值和文化价值，为乡村旅游增添独特的魅力。

此外，乡村民居作为乡村文化的重要载体，其保护和利用同样不容忽视。通过修缮和改造，可以使这些传统建筑焕发新的活力，成为展示乡村历史文化、提供特色旅游服务的重要场所。这不仅有助于传承和弘扬乡村的传统文化，也能够为游客提供更加丰富和深入的旅游体验。在文旅融合的实践中，还应注重生态旅游产品的创新和开发。通过结合乡村的自然条件和文化特色，可以设计出一系列符合市场需求、具有地方特色的生态旅游产品，如生态农业体验、自然教育、户外探险、康养度假等。这些产品不仅能够满足游客多样化的旅游需求，也能够带动乡村经济的发展。总之，生态振兴是推动文旅融合深度发展的重要途径。通过保护和利用乡村的生态环境资源，优化产业结构，创新旅游产品，可以为乡村旅游注入新的活力，实现乡村经济的可持续发展。在未来的发展中，应继续深化对生态振兴与文旅融合关系的认识，探索更多有效的发展模式，为推动乡村经济社会发展和文化繁荣贡献力量。

四、组织振兴助推文旅融合和谐发展

乡村振兴战略的实施，其核心在于激发农村的内在活力与发展动力，而这一切的关键主体是农民。农民在文旅融合的过程中，需要充分发挥自身的主动性和创造性，这是推动乡村振兴、实现农村全面繁荣的重要力量。只有当农民成为乡村发展的积极参与者和受益者时，乡村振兴才能够真正实现。文旅融合作为乡村振兴的重要途径，涵盖了产业、文化、生态三种发展路径。然而，这三种路径的实现并非无序自然发展，而是需要在治理有序、组织振兴的基础上，才能够实现长足发展。因此，加强和创新乡村治理是实现文旅融合和谐发展的关键。通过有效的治理，可以确保文旅融合过程中的资源配置合理、利益分配公平，从而激发农民的参与热情和创造潜力。在乡村治理的过程中，需要让农民成为乡村的主人翁，形成以组织振兴助推文旅融合和谐发展的模式。这种模式强调的是农民的主体地位和参与度，通过组织振兴，增强农民的组织能力和自我发展能力，使农民能够在文旅融合中发挥更大的作用。当乡村的基础产业、文化特色、生态资源不足以支撑乡村旅游的发展时，可以通过持续改善乡村民风、提升村民素质、文化植入等方式实现乡风文明。乡风文明的提升，不仅能够增强乡村的吸引力，还能够促进乡村文化的传承和发展。通过文化植入，可以将乡村的传统文化与现代旅游需求相结合，创造出具有地方特色的旅游产品和服务，提升乡村旅游的竞争力。此外，基础设施的完善和民居环境的改善，也是推动文旅融合和谐发展的重要因素。通过省级基础设施的建设，可以提高乡村的可达性和便利性，吸引更多的游客。同时，改善民居环境，提升村民的生活质量，可以增强村民的幸福感和归属感，使村民更愿意参与到美丽乡村的建设中来。在这一过程中，农民不仅是乡村建设的参与者，更是乡村文化的传播者和旅游服务的提供者。通过组织振兴，可以激发农民的内生动力，从而让农民在文旅融合中发挥更大的作用，并实现自身的价值和利益。总之，组织振兴是推动文旅融合和谐发展的重要保障。通过加强和创新乡村治理，让农民成为乡村的主人翁，形成以组织振兴助推文旅融合和谐发展的模式，可以有效地激发农村的发展活力，实现乡村振兴的战略目标。

五、人才振兴促进文旅融合创新发展

人才振兴在乡村振兴战略中占据着举足轻重的地位，特别是在文旅融合的创新发展中，专业人才的支撑作用尤为显著。通晓文化开发、旅游管理、商业策划、市场运作和营销的专业人士，能够为乡村旅游和文化体验的深度融合提供强有力的智力支持和创新动力。随着文化产业和旅游产业的迅猛发展，以及新业态的持续涌现，对文化复合型人才和新型专业人才的需求日益增长。然而，当前这类复合型人才的数量和质量尚不能满足市场的需求，这一缺口亟须填补。[53]首先，实施人才优先战略是促进文旅融合的关键一步。通过与知名旅游企业、高等院校和科研院所建立合作关系，乡村地区可以加大人才培养和引进的力度。这不仅能够吸引优秀人才，还能带动本土人才的能力提升，使文化旅游成为推动乡村振兴的“助推器”和吸引人才的“吸铁石”。其次，依托高等教育和职业教育机构，构建科学合理的文化旅游专业复合型人才培养体系至关重要。通过构建多元化的协同机制，确保人才培养方向与文旅产业的发展需求相匹配，并打通教育体系及人才培养渠道，为“文化＋旅游”复合型人才的培养创造条件。再次，建立健全文化旅游从业人员的准入门槛与标准，以及相关职业规范，对于规范化管理文化旅游人才、建设人才“蓄水池”具有重要意义。同时，增强文旅产业对高层次人才的吸引力，通过吸引世界级的中外文体旅人才，培育文化大师和思想大家，试点设立工作室，加大对杰出文化人才的褒奖力度，形成具有地方特色的文化艺术荣典制度，设立文旅领域人才“特别贡献奖”，从而提升乡村地区对文旅人才的吸引力[54]，尤其是在数字文旅、元宇宙等新兴领域，支持跨专业与跨行业的专业文旅团队建设，打造文旅领域的“小巨人”企业，是推动文旅融合创新发展的重要途径。加大对演艺人才、社会美育工作者、文化健身达人等各专业领域的多层次文体旅人才的支持与吸引力度，提升对“直播新秀”“乡村数字游民”等文体旅新领域和在线文旅新人才的开放度与包容度，丰富地方文旅产业生态。[55]为乡村文旅创业、乡村文旅运营等特色业态经营人才提供更加高效、精准的人才成长支持与奖励政策，鼓励各地区出台更加具有改革创新力和市场引导力的乡村文旅人才支持政策，改善乡村人才发展环境。最后，加大市场监管执法力度，加强人才干部队伍建设，鼓励文化旅游景区的企业及经营者以公平、公正和诚信的方式维护市场公平竞争的环境。针对虚假宣传、肆意开发、假冒伪劣和侵犯消费者权益的违法行为，要依法进行惩处，确保文旅市场的健康发展。综上，人才振兴对于促进文旅融合创新发展具有不可替代的作用。通过实施人才优先战略、构建人才培养体系、建立健全职业规范、增强人才吸引力、支持新兴领域人才发展、丰富文旅产业生态、提供人才成长支持与奖励政策，以及加大市场监管执法力度，可以为文旅融合提供坚实的人才支撑，推动乡村振兴战略的深入实施。

第五章　新质生产力推动下的乡村旅游创新

第一节　乡村旅游的发展趋势与新机遇

随着经济全球化和我国城市化的不断推进，乡村旅游作为一种新兴的旅游模式，呈现出迅猛的发展态势。乡村旅游不仅为游客提供了亲近自然、体验乡村文化的机会，也为农村地区带来了经济和社会效益。[56]

一、乡村旅游的市场分析与趋势预测

（一）市场分析

乡村旅游市场的快速发展主要得益于四个因素：一是城市化进程的加速。随着城市化的不断推进，越来越多的城市居民渴望逃离城市的喧嚣，寻找一片宁静的乡村环境，享受自然和放松身心。联合国人居署在其发布的《2022 年世界城市报告：展望城市未来》中预测，到 2050 年全球城镇人口的占比将从 2021 年的 56% 上升至 68%。世界银行数据显示，中国人口规模在 100 万以上的城市群人口占总人口的比重由 2012 年的 24.36% 持续增长到 2022 年的 30.52%，所集聚的人口数量已达世界首位。这一趋势为乡村旅游市场提供了广阔的发展空间。二是消费升级。随着人们收入

的增加，对旅游产品的需求也日益多样化和个性化，乡村旅游以其独特的文化和自然景观吸引了越来越多的游客。《中国乡村旅游发展白皮书2024》显示，2023 年乡村旅游业产值超 9000 亿元，2024 年一季度农村地区接待游客近 8 亿人次，乡村旅游经营主体数量持续增长，旅游业直接及间接创造就业岗位超 6000 万个。搜狐网发布的数据显示，2024 年五一假期，全国乡村旅游接待总人次达 1.72 亿，实现乡村旅游总收入 518.17 亿元，乡村旅游成为微度假的刚需，乡村旅游市场发展势头强劲。三是政策支持。近年来，我国政府出台多项政策，支持乡村旅游的发展，为乡村旅游提供了良好的发展环境。例如，我国政府在《乡村振兴战略规划（2018—2022年）》中强调要大力发展乡村旅游，推动农业与旅游的深度融合，为乡村旅游的发展提供了有力的保障。四是技术进步。在数字经济的背景下，大数据等新兴信息技术与乡村旅游的结合日益紧密，这种结合不仅催生了新的业态和模式，还促进了新思想的产生。这种趋势推动了乡村旅游产业向智慧化转型，其管理策略也从传统的旅游管理逐步转变为更为系统和多元化的旅游治理模式。[57] 例如，通过在线旅游平台和社交媒体等渠道，乡村旅游的知名度和吸引力得到了显著提升。具体来说，利用社交媒体进行旅游营销，通过短视频和直播等形式展示乡村的自然风光和传统文化活动，成功吸引了大量游客的关注。

（二）趋势预测

未来乡村旅游的发展趋势将呈现四个特点：一是个性化和定制化。一些乡村旅游项目开始提供定制化的旅游体验，包括家庭旅游、亲子旅游和情侣旅游等，以适应不同游客群体的期望[58]。这种个性化的服务策略，不仅满足了游客的个性化需求，也成了乡村旅游的一大特色和优势。二是科技化和智能化。在当代，科技的进步，特别是大数据、人工智能和虚拟现实等技术，正在乡村旅游领域发挥着越来越重要的作用。这些技术的应用不仅提升了游客的体验，还为乡村旅游带来了创新和发展的新机遇。例如，利用虚拟现实技术，游客可以在出行前通过网站搜索获取所需的信息，更便捷地了解旅游资源和旅游产品，从而提前规划好自己的旅游行程。这种方式相较于传统的宣传和营销手段，具有更广泛的受众覆盖、更高的互动性、更强的兴趣驱动以及更快的沟通速度。[59] 这些特点使科技在乡村旅游中的应用显得尤为重要，为旅游体验的优化提供了新的可能。三是生态化和可持续化。绿色发展和生态保护是旅游业可持续发展战略的核心要素，它们对于推动乡村经济的增长和振兴起着至关重要的作用。在这一背景下，乡村旅游正逐渐将重点转向高质量和绿色发展，以实现与环境保护的和谐共生。越来越多的乡村地区开始采纳这一发展理念，积极推动乡村旅游、生态旅游和绿色旅游的发展，努力实现旅游业务增长与生态平衡的双重目标。[60] 这种以生态为核心的发展模式，预示着乡村旅游将朝着更加可持续和环境友好的方向发展，成为其发展的重要趋势。四是多元化和融合化。乡村旅游正迈向与其他产业，如农业、文化、教育等的深度融合，以创造多样化的旅游产品。在空间布局上，乡村旅游正逐步发挥其生态产业融合的潜力，推动规模化和系统化的经营管理，优化资源配置，构建一个融合文化、生态与旅游的产业基础。这样的发展策略旨在打造一个开放且相互联系的产业融合模式。[61] 这种跨领域的整合不仅为乡村旅游注入了新的活力，也开辟了创新和增长的新途径。

二、新机遇下的乡村旅游发展策略

面对新机遇，乡村旅游的发展策略需要与时俱进，具体可以从以下几个方面进行考虑。

第一，挖掘每个乡村独特的文化和历史是乡村旅游发展的关键。这些文化资源是开发具有地域特色的旅游产品的基础。根据各地区的具体情况，设计符合当地特色的休闲农业和观光旅游路线，有助于推动农村经济的多样化发展。通过培育乡村休闲观光区、乡村休闲民宿、乡村森林人家和康养基地等，可以发展创意农业和农旅产业。同时，探索共享农场、云上养殖等新型经营模式，利用互联网传播农村的非物质文化遗产等，如传统习俗、优秀农耕文化和重要的农业文化遗产等，以促进乡村特色文化产业的发展。[62] 此外，结合当地的历史文化遗迹和传统手工艺，可以进一步塑造具有吸引力的乡村旅游品牌。通过这种方式，乡村旅游不仅能够展示地方特色，还能为游客提供独特的文化体验，从而增强乡村旅游的竞争力和吸引力。

第二，基础设施的完善对于乡村旅游的繁荣至关重要。完善的基础设施、景区设施的维护和保养是乡村旅游发展的基石。必须正视并解决配套设施的后期维护和建设上的不足。通过不断追求行业前沿，完善乡村旅游的配套服务，加强厕所、停车场等基础设施的建设，从而显著提高乡村旅游的便利性和吸引力。[63]

第三，现代信息技术的利用是提升乡村旅游吸引力和优化游客体验的关键。信息技术的快速发展和普及，使乡村旅游信息化建设与智慧旅游的融合成为增强乡村经济活力、实现可持续发展的重要途径。这种融合促进了信息技术在乡村旅游中的应用，提高了服务水平和效率，为乡村旅游开辟了更广阔的发展空间。通过移动互联网技术，开发乡村旅游 App，提供实时信息和服务，同时利用社交媒体、旅游网站等渠道进行宣传推广，提高知名度。大数据分析可以帮助了解游客需求和行为模式，为乡村旅游的精准营销提供支持。

第四，生态保护和可持续发展是乡村旅游产业的重要驱动力。在“两山”理论的指导下，乡村旅游产业正以“绿色驱动”为重要动力，推动产业链的供需两端发生变化，不仅满足市场对“绿色、环保、健康”的需求，而且实现供给的“生态化、循环性、高质量、可持续”。在旅游项目的开发和运营中，必须充分考虑环境影响，采取环保措施，保护自然环境和文化遗产。推广生态农业和绿色旅游，减少环境破坏和污染，并通过教育和宣传提高环保意识，共同推动乡村旅游的可持续发展。

第五，人才培养和引进是乡村旅游发展的关键。发展乡村旅游，需要大量专业人才，包括旅游管理、市场营销、文化保护等。要加强人才培养和引进，提高从业人员的专业素质和服务水平。同时，与高校、研究机构合作，开展旅游研究和人才培养，为乡村旅游提供智力支持。通过培训和引进优秀人才，提升管理水平和服务质量。例如，河北省在 2019 年实施的乡村旅游与乡村振兴人才培养计划，包括管理、服务、导游等方面的培训，旨在提高人才的职业素质和专业水平。[64]

第二节　新质生产力在乡村旅游中的应用

在乡村振兴战略深入实施的背景下，乡村旅游作为一种兼具经济效益与社会效益的发展模式，正逐步成为推动农村经济发展、促进农民增收的重要途径。新质生产力的引入，特别是科技创新和创新思维的应用，为乡村旅游的发展注入了新的活力，推动了乡村旅游从传统的资源依赖型向创新驱动型的转变。

一、科技创新在乡村旅游中的应用

科技创新是推动乡村旅游发展的关键因素。随着信息技术、生物技术、新材料技术等的快速发展，科技创新在乡村旅游中的应用日益广泛，极大地提升了乡村旅游的吸引力和竞争力。

（一）信息技术的应用

信息技术，特别是互联网和移动通信技术，为乡村旅游开辟了新的宣传和推广途径。通过创建在线旅游平台、开发旅游应用程序、运用社交媒体等手段，乡村旅游能够更高效地与游客互动，并提供定制化的旅游服务。例如，丽江古城景区应用大数据、物联网、5G 等尖端信息技术，实现了无线网络全覆盖、智能急救站点、智慧型酒店等项目，构建了多样化和智能化的服务体系，为游客和居民带来了更加个性化和贴心的服务，促进了古城旅游服务水平的持续提升。此外，大数据分析技术在分析游客行为和优化旅游产品方面也发挥着重要作用。对游客偏好和需求的分析，为乡村旅游产品的设计和推广提供了数据支持和决策参考。例如，桂林旅游的相关负责人指出，目前已经建立了智能导览、智能票务、智能停车管理等系统，这些系统不仅提高了景区的管理效率，降低了管理成本，还显著提升了游客的体验。此外，信息技术的应用还有助于乡村旅游实现智能化管理，提高运营效率和服务质量。以浙江乌镇为例，近年来积极推进智慧旅游区建设，探索科技与旅游区管理、服务、运营等方面的深度融合，并取得了显著成效。如今，新技术、新业态、新模式、新体验在乌镇不断涌现，"数智景区"已成为乌镇吸引游客的一张"金名片"。乌镇旅游区也因此被列为 2023 年国家旅游科技示范园区之一。

（二）生物技术的运用

生物技术在乡村旅游领域的应用主要聚焦生态农业与绿色旅游的发展。通过生物技术的应用，乡村旅游业能够发展生态友好的农业，提供健康、有机的农产品，吸引游客深入体验农耕文化并享受绿色食品。此外，生物技术在乡村环境的治理与保护中也发挥着重要作用，有助于处理污水和垃圾，改善乡村环境，为游客营造更加清洁、宜人的旅游氛围。这不仅能够提升环境质量，还能促进相关产业的发展，形成积极的循环效应。生物技术也被用于开发具有地方特色的旅游产品，如通过生物技术培育的特色花卉和果蔬，为乡村旅游增添了独特的吸引力。

（三）新材料技术的运用

新材料技术在乡村旅游中的应用主要体现在旅游设施的建造与改造上。利用新型建筑材料，乡村旅游能够构建更安全、更舒适、更具美学价值的旅游设施，从而增强游客的旅游体验。采用新型环保材料建造的民宿和酒店，不仅提高了建筑的美观度和居住舒适度，还具有节能和环保的特性，与绿色旅游的理念相契合。例如，使用膨胀聚苯乙烯泡沫建造的馒头屋，以其卓越的保温隔热性能、抗风抗震能力以及高效的被动节能设计，为乡村民宿提供了创新的解决方案，有效推动了乡村振兴战略的实施。此外，新材料技术也被用于创新设计乡村旅游设施，如运用智能材料开发可变形的旅游设施，为游客带来更加多样化和个性化的旅游体验。

二、创新思维在乡村旅游规划中的应用

创新思维是乡村旅游发展的关键驱动力。通过创新思维的引入，乡村旅游的规划和管理得以更加科学和合理，在满足游客需求的同时，也增强了其市场竞争力。

（一）可持续发展理念的应用

在乡村旅游的规划和管理中，可持续发展理念的融入至关重要。这一理念强调生态保护和资源节约，旨在实现旅游发展与环境保护的和谐共存。通过精心设计旅游项目，合理利用乡村资源，避免资源的过度开发，保护乡村的自然景观和文化遗产。此外，可持续发展理念还体现在旅游产品的设计上，通过推出生态旅游、绿色旅游等产品，提升乡村旅游的生态价值和文化深度。这种理念不仅保护了乡村环境，还提升了旅游产品的附加值，实现了经济效益与生态效益的双重提升。它还要求在乡村旅游的发展中重视社会文化的传承和保护，尊重当地居民的生活方式和文化传统，促进旅游发展与社区发展的和谐共生。

（二）跨界融合思维的应用

跨界融合思维是指将不同领域的知识和技术整合到乡村旅游的规划和管理中，实现跨领域的融合与创新。通过将农业、文化、教育等领域的知识和技能应用于乡村旅游，开发出农业旅游、文化旅游、教育旅游等多样化的旅游产品，丰富旅游产品的内容和形式。跨界融合不仅优化了资源配

置，提升了旅游产品的价值，还增强了其吸引力和竞争力。例如，将传统手工艺的相关知识和审美观念融入旅游体验的全过程，是一些传统手工艺类旅游产品开发的核心策略。2022 年 5 月，土布纺织技艺的浙江省级传承人郑芬兰在杭州市余杭区开设了传梭博物馆，不仅展示了纺梭的历史和手工技艺，还集成了市民休闲、游客参观、研学教育、手艺活化等多种功能。跨界融合思维还可以应用于乡村旅游的营销和推广，通过与知名文化品牌、互联网企业等合作，共同打造具有影响力的乡村旅游品牌，提升其知名度和美誉度。

（三）用户导向思维的应用

用户导向思维即在乡村旅游的规划和管理中，以游客需求为核心，提供个性化和差异化的旅游服务。通过市场调研，了解游客的需求和偏好，开发符合游客需求的旅游产品，并提供个性化的服务，以提升游客的满意度和忠诚度。用户导向思维还体现在旅游服务的各个环节，如住宿、餐饮、交通等，通过提供高质量的服务，满足游客的多样化需求。研究表明，用户导向思维的应用显著提高了游客的满意度和重游率，为乡村旅游的长期发展奠定了坚实的基础。另外，用户导向思维还强调在发展过程中注重游客的参与和体验，如设置游客互动环节、提供定制化的旅游服务等，增强游客的归属感和忠诚度。

综上，新质生产力，尤其是科技创新和创新思维在乡村旅游中的应用，为乡村旅游注入了新的活力。通过引入新技术和新理念，乡村旅游能够实现从传统模式向现代模式的转变，提升旅游产品的吸引力和竞争力，推动乡村经济的可持续发展。随着新质生产力的不断发展和创新思维的深入应用，乡村旅游将拥有更加广阔的发展前景。

第三节　创新驱动下的乡村旅游产品开发

在新质生产力的推动下，乡村旅游产品开发正经历着前所未有的变革。这种变革不仅体现在产品的设计与开发上，还涉及产品的市场定位与推广。

一、特色乡村旅游产品的设计与开发

特色乡村旅游产品的创新设计与开发是乡村旅游发展的关键。这些产品需紧密结合乡村的自然景观、文化和农业资源，打造具有独特魅力和吸引力的旅游体验。在此过程中，要重视产品差异化、特色化和品牌化，以迎合游客的多样化需求。

乡村地区拥有山川、湖泊、森林等丰富的自然景观资源，为乡村旅游提供了优越的自然条件。通过精心规划和合理开发，可以依托这些资源推出多样化的旅游产品，如观光旅游、生态旅游和探险旅游。以恩施州为例，其多样的地形地貌，包括雄伟的山脉、秀美的河谷和盆地，以及神秘的自然景观和丰富的生物多样性，为乡村旅游提供了丰富的自然景观资源。[65]这不仅丰富了产品体系，也为游客提供了独特的体验，满足了他们亲近自然、放松身心的需求。

乡村的文化资源，如古村落、古建筑、非物质文化遗产等，同样是乡村旅游产品开发的重要组成部分。这些文化资源具有独特的魅力，是吸引游客的关键因素。通过深入挖掘和创新利用这些文化资源，可以开发文化旅游、民俗旅游和历史旅游等产品。乡村旅游景点作为实物型文化资源，其融合发展可以增加农家书屋的文化资源，为中华优秀传统文化的传播与发展提供支撑，丰富文化传播内容，拓展服务范围。[66]

乡村的农业资源，如果园、菜园、茶园等，也是乡村旅游产品开发的重要方向。这些资源不仅可以提供新鲜的农产品，还可以作为旅游资源进行开发。通过创新农业旅游产品，可以开发农事体验、农产品采摘、农产品加工体验等项目，如水果采摘、蔬菜采摘、茶叶采摘等，让游客亲身体验农事活动，感受农业的魅力。这不仅增加了农民的收入，也为游客提供了亲近自然、体验农耕文化的机会，满足了他们返璞归真、回归自然的心理需求。乡村旅游依托丰富的农业资源，通过农业旅游、观光农业、休闲农业等多样化的旅游模式，能推动乡村经济向一、二、三产业融合发展的多元型转变，形成联动效应。[67]

在特色乡村旅游产品的设计与开发中，创新性和差异化至关重要。创新是乡村旅游产品持续发展的核心，只有不断创新，才能满足游客多样化的需求，维持其吸引力。基于“两山”理论的内涵和转化机制，将“绿水青山”转化为“金山银山”，需要从经济层面进行产业创新，包括产业经营管理和技术创新。此外，差异化则是乡村旅游产品在竞争中形成优势的关键策略,通过差异化定位,可以凸显产品的独特性和特色,吸引更多游客。

二、乡村旅游产品的市场定位与推广

乡村旅游产品的市场定位和推广是其成功开发的关键步骤。通过精确的市场定位和有效的推广策略,可以提升乡村旅游产品的知名度和吸引力,吸引更多游客体验。

在进行市场定位时，应根据游客的年龄、性别、收入和兴趣等特征，细分目标市场，从而深入了解不同游客群体的需求和行为模式，设计出更符合其需求的旅游产品。例如，针对家庭游客，可以推出亲子游和家庭游产品，强调亲子互动和家庭友好；针对年轻游客，可以推出探险游和户外运动产品，强调刺激和挑战；针对文化爱好者，可以推出文化旅游和民俗旅游产品，强调文化体验和内涵。同时，在市场定位时，还需考虑旅游产品的独特性和优势，进行精准定位。明确乡村旅游发展的方向，需全面考虑地理区位、资源禀赋和产业优势等因素，综合分析地方的“地脉、文脉、人脉”，发挥地方特色和优势，通过差异化战略构建区域性乡村旅游产业系统，有序推进乡村旅游发展。[68]

在推广乡村旅游产品时，应采用多样化的推广手段，提升推广效果。首先，可以利用互联网和移动通信技术，通过在线旅游平台、社交媒体和旅游 App 等渠道进行宣传和推广。这些渠道覆盖面广、传播速度快、互动性强，能有效提升旅游产品的知名度和曝光率。其次，可以通过举办旅游节庆活动、旅游展览和旅游推介会等线下活动进行推广，吸引大量游客和媒体关注，提高旅游产品的影响力。最后，还可以与旅行社、酒店等旅游相关企业合作，进行联合推广，利用这些企业的广泛客户资源和销售渠道，为乡村旅游产品吸引更多潜在客户。

除了传统的推广方式，还应重视口碑营销和体验营销。口碑营销依赖游客的推荐和传播，当前已成为乡村旅游目的地有效宣传的重要方式，包括亲朋好友的面对面推荐、微信朋友圈的游记分享等。口碑的建立主要依赖游客在乡村旅游目的地及旅途中的整体体验，这对于乡村旅游目的地以“旅游品质”为核心而非“不实宣传”来赢得市场具有重要的启示意义。[69]因此，应注重提升旅游产品的质量和服务水平，确保游客在游览过程中获得良好的体验，从而愿意向他人推荐。体验营销则通过让游客亲身体验旅游产品来吸引其购买。以“VR+ 无人机”为代表的乡村旅游数字体验营销，是数字经济与乡村生态旅游相结合的创新产物，能够突破传统市场营销的时间和空间限制，[70]让游客在体验过程中感受到乡村旅游的独特魅力和乐趣。

总之，创新驱动下的乡村旅游产品开发对乡村旅游发展具有深远影响。通过特色乡村旅游产品的设计与开发，以及乡村旅游产品的市场定位与推广，可以增强乡村旅游产品的竞争力和吸引力，推动乡村旅游的持续发展。政府和企业也应加大创新投入和人才培养，为乡村旅游产品的创新提供支持。未来，乡村旅游应继续注重产品创新和市场推广，不断提升产品质量和服务水平，满足游客的多元化需求，实现乡村旅游的可持续发展。

第四节　创新实践中的挑战与应对策略

在乡村旅游创新实践中，新质生产力的引入无疑为乡村振兴注入了新的活力，带来了诸多积极影响。然而，这一过程中也不可避免地遇到了一系列挑战。

一、创新实践中遇到的主要问题

（一）文化资源的保护与开发矛盾

在乡村旅游的发展过程中，文化资源的保护与开发往往存在一定的矛盾。一方面，为了吸引游客，需要对当地的文化资源进行适度的开发和商业化利用，以展现其独特的魅力；另一方面，过度商业化又可能导致文化资源的破坏和异化，甚至使其丧失原有的文化内涵和价值。在乡村旅游市场实践中，一些古村落拥有丰富的传统文化和独特的建筑风格，为了发展乡村旅游，一些地方对古村落进行了商业化开发，引入了大量的旅游设施和商业活动。然而，这种开发方式导致村落的传统文化和建筑风格受到了破坏，游客的体验也大打折扣，凸显了文化资源保护与开发之间的矛盾。

（二）生态环境的承载压力

随着游客数量的增加，乡村旅游地的生态环境面临着越来越大的压力，表现为资源设施低效益与超负荷并存、乡村社区公共环境的日益恶化、乡村旅游资源环境的消极保护。同时，旅游活动往往会对当地的自然环境造成一定的影响，如垃圾污染、水资源消耗等。如何在旅游发展和生态保护之间找到平衡点，是乡村旅游创新实践中需要解决的重要问题。这不仅会影响游客的旅游体验，也会对当地的生态环境造成破坏。乡村旅游的发展必须充分考虑生态环境的承载能力。

（三）旅游产品同质化

当前，乡村旅游产品存在一定程度的同质化现象，缺乏创新和个性化，难以满足游客多样化的需求，表现为在乡村旅游“全民运动”“标准运动”“示范运动”“城乡互动”的影响下乡村的本色、本质、本征逐渐消失。这不仅降低了乡村旅游的竞争力，也影响了游客的旅游体验。在乡村旅游调研中发现，当地的乡村旅游产品主要以农家乐和采摘园为主，缺乏创新和特色。游客反映，这些产品在其他地方也能找到，缺乏新鲜感和吸引力。这一调研结果揭示了乡村旅游产品同质化的问题。

（四）基础设施与服务水平不足

对于大部分乡村来说，受经济发展水平制约，旅游基础设施水平较低：一方面是供水、供电、安全、通信等基础设施建设的问题；另一方面是餐饮、厕所等方面的卫生问题，导致游客入住率、重游率下降，严重制约了乡村旅游的发展。游客在乡村旅游过程中的实际体验却往往不尽如人意。在乡村旅游地游客满意度调查中，一些游客反映，交通不便导致出行困难，住宿条件差影响了休息质量，餐饮服务不规范则让他们的用餐体验大打折扣。基础设施和服务水平的提升是乡村旅游发展中亟待解决的问题。

二、应对策略的制定与实施

（一）文化资源的合理开发与保护

在乡村旅游的发展过程中，文化资源的合理开发与保护显得尤为关键。为了实现这一目标，必须坚持保护优先、开发为辅的原则。通过制定和实施相关政策和法规，加强对文化资源的保护，防止过度商业化对其造成的破坏和异化。艺术类人才在这一过程中发挥着重要作用，他们通过提供创意设计、文化艺术活动策划和乡村旅游规划等方面的专业支持，可以促进乡村旅游和文化创意产业的快速发展[71]，特别是在春节期间，乡村的传统习俗，如除旧布新、迎春接福、拜神祭祖等依旧隆重，而"村晚""村超""村BA"等新年俗活动也越发火热。这些活动不仅展现了中国传统文化的精华，也体现了乡村振兴下的新鲜活力，成为一场盛大的乡村文化狂欢"盛宴"。此外，鼓励创新性开发，如数字化展览和文化体验活动，以提高文化资源的利用效率和游客的参与度。基于"以文塑旅""以旅彰文"的理念，应用新技术为乡村文化旅游带来新体验。例如，云南元谋县通过数字技术还原田园景色和故事传说，转化为群众喜闻乐见的文化旅游新场景，让游客在亲身体验中感受乡村文化的魅力。

（二）生态旅游的推广与实践

生态旅游的推广与实践是乡村旅游可持续发展的重要途径。坚持"以农促旅，以旅兴农"的策略，深入挖掘和利用自然生态、传统文化等特色资源，在保护生态环境和传承传统文化的基础上，大力发展特色乡村旅游新业态，促进农村经济发展，助力当地村民增收。推广生态旅游理念，倡导绿色、环保的旅游方式，从而减轻生态环境的承载压力。在旅游项目的设计和运营中，应充分考虑生态环境的承载能力，采取有效的生态保护措施，如垃圾分类处理、使用环保材料等。同时，加强对游客的环保教育，提高他们的环保意识。湖北堰河村近年来扎实走好绿色发展之路，从管山护水到整治人居环境，从茶叶兴村到茶旅融合，闯出了一条生态富民之路。绿色成为堰河村最亮丽的底色和发展主基调，农文旅融合的乡村旅游异军突起，咖啡馆、书画室等一应俱全，到堰河村游玩的人会有一种"村在山水中、屋在树林中、路在花草中、人在图画中"的感觉。

（三）旅游产品的创新与差异化

为了打破旅游产品同质化的现状，应鼓励乡村旅游产品创新，开发具有地域特色和文化内涵的差异化产品。通过市场调研，了解游客需求，结合当地资源，设计独特的旅游项目，如主题旅游、体验旅游等，从而提高乡村旅游的吸引力和竞争力。在一些乡村旅游创新实践案例中，当地政府结合当地的文化和自然资源，开发了一系列具有地域特色的旅游产品。例如，推出了以当地传统节日为主题的旅游活动，让游客在参与中感受乡村文化的独特魅力。同时，还开发了以当地特色农产品为主题的旅游项目，如农产品采摘、制作体验等，吸引了大量游客前来体验。

（四）基础设施与服务水平的提升

为了提升乡村旅游的基础设施和服务水平，加大投入至关重要。改善交通、住宿、餐饮等条件，加强从业人员的培训，提高服务质量，为游客提供更好的旅游体验。例如，对乡村旅游地进行改造升级，投入大量资金用于改善基础设施和服务水平，修建宽敞的道路，提高交通便利性；对住宿设施进行改造升级，提高住宿条件；加强对餐饮服务的监管和培训，提高餐饮服务质量。

重点解决重点景区、乡村旅游景点的道路建设，优先推进重点乡镇道路升级改造，提高旅游景区道路等级标准，推进城乡客运服务一体化，实现城乡交通有机融合。巩固提升农村饮水安全，解决部分乡村、旅游景点缺水、断水和水质差的问题。结合农村人居环境综合整治和美丽乡村建设，重点解决好旅游区农村垃圾处理、污水治理等问题。加强乡村旅游特色村的道路、电力、饮水、标识标志、信息网络等基础设施和公共服务设施建设。配套完善农村基础设施建设，直接关系到乡村旅游的成败。按照政府主导、部门联动、社会参与的思路，在文明生态村建设的基础上，加快旅游村各项功能建设。具体做到“四化”，即基础设施城市化、配套设施现代化、农村景观生态化和交通便利化，开通大中城市直达乡村旅游景区景点的公交线路。

综上，虽然乡村旅游的创新实践面临诸多挑战，但通过制定合理的应对策略并付诸实施，可以有效应对这些挑战，促进乡村旅游的可持续发展。在未来的发展中，应继续关注乡村旅游的创新实践，不断探索新的发展模式和方法，为乡村振兴注入新的活力。

第六章　文旅融合下的乡村文化传承与创新

第一节　乡村文化传承的重要性与挑战

一、乡村文化传承的重要性

乡村文化具有深厚的历史记忆和鲜明的地域特色，其传承在增强乡村社会凝聚力与认同感、促进乡村经济的多元化发展、保护乡村文化的多样性与独特性、丰富人类文化宝库与促进文化交流方面至关重要。

（一）增强乡村社会凝聚力与认同感

在城市化迅速推进的背景下，乡村社会面临着人口流失和文化趋同的挑战，其凝聚力受到了考验。乡村文化作为精神的纽带，通过传承能够唤起居民对本土文化的自豪感和归属感，从而巩固社区的联结力。共同的文化记忆构成了乡村社会凝聚力的基础。乡村文化中蕴含的历史故事、民俗传统和节庆活动等元素，是居民共有的记忆。传承这些文化记忆有助于居民找到归属感，建立紧密的社会联系。例如，在春节、中秋等传统节日中，乡村居民通过庆祝活动，不仅体验了节日的喜庆，更深刻地感受到自己是乡村文化的一部分，增强了对乡村的认同感和归属感。[72] 此外，乡村文化传承对构建和谐的社会关系至关重要。在文化传承的活动中，居民共同参与制作手工艺品、表演民间戏曲等，这些活动不仅丰富了居民的精神生活，也促进了社区成员间的交流与互动，增进了他们间的了解和信任，形成了互助合作的社会氛围。

（二）促进乡村经济的多元化发展

随着旅游业的兴起和消费者对文化体验需求的增长，乡村文化成为乡村旅游的重要资源。深入挖掘和传承乡村文化，能够开发具有地方特色的旅游产品和文化活动，吸引游客，带动经济发展。[73] 乡村文化为乡村旅游提供了丰富的资源，如自然景观、历史遗迹和民俗风情等，这些是乡村旅游的核心吸引力。传承乡村文化，可以将这些资源转化为旅游产品，如乡村旅游线路、民宿体验和农事活动等，既满足游客的文化体验需求，也给乡村带来经济收益。同时，乡村文化传承有助于推动乡村产业的转型升级。面对市场需求变化和资源环境约束，单一的产业结构需要向多元化发展，如发展文化创意产业和乡村旅游产业等，这不仅为乡村经济注入了活力，也提高了其抗风险能力和可持续发展能力。[74]

（三）保护乡村文化的多样性与独特性

每个乡村都有其独特的自然环境、历史背景和人文景观，这些构成了乡村文化的独特魅力。传承乡村文化可以保护和弘扬这些独特元素，避免乡村在现代化进程中失去本土特色。乡村文化传承有助于保护乡村文化遗产，如古建筑、古村落和传统手工艺等，这些遗产是乡村文化多样性的重要体现。通过传承，可以加强对这些遗产的保护、修复和发展。[75] 同时，乡村文化传承有助于弘扬乡村文化的独特性。每个乡村都有其独特的文化特色和风土人情，这些特色是乡村文化吸引力的源泉。传承乡村文化，可以深入挖掘和展示这些特色元素，并通过创新手段结合传统与现代元素，创造出具有时代感和创新性的文化产品，进一步弘扬乡村文化的独特性。

（四）丰富人类文化宝库与促进文化交流

乡村文化作为人类文化的重要组成部分，承载着丰富的历史记忆和地域特色。传承乡村文化，可以将这些宝贵的文化资源留存并传递给后人，从而丰富人类文化宝库。乡村文化是长期生产生活创造的精神财富，具有独特的历史价值和文化价值。通过传承，可以整理、保存并展示这些文化元素，让更多人了解和欣赏乡村文化的魅力，丰富人类文化的多样性，为后人提供历史借鉴和文化启示。此外，乡村文化传承也有助于促进文化交流与合作。在经济全球化背景下，传承乡村文化可以搭建不同文化间交流与合作的桥梁，邀请国内外人士前来考察交流，共同探讨乡村文化的发展与创新，并将乡村文化推向国际市场，吸引外国游客体验，促进不同文化间的了解和尊重，推动世界文化的繁荣发展。[76]

乡村文化传承的价值与意义是多维度的。它不仅是增强乡村社会凝聚力与认同感的重要途径，也是促进乡村经济多元化发展、保护乡村文化多样性与独特性、丰富人类文化宝库与促进文化交流的关键手段。因此，应高度重视乡村文化传承工作，采取有效措施加强保护和弘扬乡村文化，为乡村的可持续发展和人类的文明进步贡献智慧和力量。

二、乡村文化传承过程中面临的挑战

尽管乡村文化传承具有深远的意义，但在实际推进过程中也面临一系列挑战。这些挑战不仅阻碍了乡村文化传承的顺利进行，也对乡村社会的整体发展产生了负面影响。

（一）现代化进程的冲击与文化认同感的削弱

在科技迅猛发展和经济全球化加速推进的背景下，现代化进程对乡村文化产生了显著的冲击，深刻地影响了乡村居民的文化认同和价值观念。首先，现代化进程引发的是生活方式和消费观念的巨大变化。城市生活的便捷和丰富吸引了大量乡村青年向城市迁移，这种人口流动不仅削弱了乡村文化的传承力量，也使得乡村文化在年轻一代中的影响力逐渐减弱。其次，现代化进程中的信息传播方式变革对乡村文化产生了深远影响。互联网、智能手机等新媒体的普及让乡村居民能够轻松接触到各种外来文化信息，这些信息往往以娱乐化、快餐化的形式呈现，容易吸引乡村居民的注意力。相比之下，乡村文化的传播方式较为传统和保守，难以与新媒体竞争，导致乡村文化在信息传播中被边缘化。文化认同感的削弱是现代化进程对乡村文化传承的另一大挑战。在快速变化的社会环境中，部分乡村居民容易感到迷茫和不安，甚至对传统文化的价值和意义产生怀疑。这种文化认同感的削弱不仅影响了乡村居民对传统文化的传承热情，也阻碍了乡村文化的创新与发展。

（二）传承方式和手段的单一性与局限性

传统的乡村文化传承方式往往依赖于口头传授、家族传承、节庆活动等传统形式，这些形式虽然具有深厚的文化底蕴和历史传承价值，但在现代社会中却显得相对滞后和局限。[77] 首先，口头传授和家族传承等传统方式难以适应现代社会的快节奏和高效能需求。在现代社会中，人们往往忙于工作和生活，难以抽出大量时间和精力投入传统文化的学习和传承。家族传承方式也面临着家族结构变化、人口流动等现实问题的挑战，导致传承链条断裂的风险增加。其次，传统节庆活动等形式虽然能够激发乡村居民对传统文化的兴趣和热情，但其覆盖面和影响力有限。许多传统节庆活动仅限于特定地区或特定群体内部进行，难以吸引更广泛的受众群体参与。此外，一些传统节庆活动由于资金、人力等资源的限制，难以持续举办或提升品质，导致其在现代社会中的影响力逐渐减弱。[78] 传承方式和手段的单一性与局限性不仅限制了乡村文化传承的广度和深度，也影响了其创新性和吸引力。为了克服这一困境，需要积极探索新的传承方式和手段，如利用现代科技手段进行数字化记录和展示、开展线上线下相结合的文化教育活动等，以拓宽乡村文化传承的渠道和平台。

（三）文化资源的挖掘与利用不足

乡村地区拥有丰富的文化资源，包括自然景观、历史遗迹、民俗风情等。然而，在实际传承过程中，这些文化资源的挖掘与利用往往存在不足，导致文化资源的浪费和流失。首先，对文化资源的认识和理解不足是制约其挖掘与利用的重要因素之一。个别乡村居民对本地区的文化资源缺乏深入的了解和认识，无法充分发掘其潜在价值。其次，资金、技术、人才等资源的短缺限制了文化资源的挖掘与利用。乡村地区经济相对落后，资金来源有限，难以投入大量资金进行文化资源的开发和保护。同时，由于技术水平和人才储备的限制，许多文化资源难以得到科学合理的挖掘和利用。例如，一些具有历史价值的古建筑由于缺乏专业的修复和保护技术而逐渐破败；一些具有地方特色的手工艺品由于缺乏市场推广和品牌建设而难以打开市场。此外，文化资源的挖掘与利用还面临着市场需求变化的挑战。随着消费者需求和偏好的不断变化，一些传统文化资源可能不再适应市场需求，导致其在市场上的竞争力下降。为了应对这一挑战，需要加强对市场需求的调研和分析，根据市场需求变化及时调整文化资源的挖掘和利用策略，以满足消费者的多元化需求[79]。

（四）外部环境的变化

外部环境的变化包括自然环境、社会环境等多个方面，这些变化都可能对乡村文化传承产生不利影响。首先，自然环境的变化对乡村文化传承构成了威胁。自然灾害、环境污染等问题可能破坏乡村地区的自然景观和生态环境，进而影响乡村文化的传承和发展。例如，一些古建筑和古村落可能因自然灾害而受损甚至消失；一些传统农耕文化可能因环境污染而失去生存土壤。其次，社会环境的变化对乡村文化传承产生了影响。随着城市化进程的加速推进和社会结构的变迁，乡村社会面临着人口流动、家庭结构变化等问题。这些问题可能导致乡村文化传承链条的断裂和传承力量的削弱。此外，社会价值观的多元化也可能导致乡村居民对传统文化的认同感和归属感降低。

综上，乡村文化传承过程中面临着多重挑战，为此，需要从多个方面入手，加强文化传承工作的创新与实践，为乡村文化的可持续发展注入新的活力与动力。

第二节　文旅融合背景下的乡村文化创新

在当今文旅融合的大趋势下，乡村文化创新被赋予了新的内涵与使命。面对传承的挑战和机遇，文旅融合不仅为乡村文化的发展提供了新的路径，也为乡村经济的繁荣带来了新的可能。

一、创新理念在乡村文化传承中的应用

（一）重新审视乡村文化的价值

在文旅融合的新时代，对乡村文化价值的认识亟须刷新。乡村文化不应被视为封闭和停滞不前的，而应被看作充满潜力和机会的文化资源。通过深入挖掘乡村文化的独特性和时代价值，可以将其转化为乡村旅游和特色产业发展的强大推动力。例如，将乡村非物质文化遗产与现代旅游产品相结合，创造具有地域特色的文化旅游项目；将传统手工艺与现代设计理念相融合，开发满足市场需求的文化创意产品。

（二）对传统文化的现代表达

在乡村文化的传承中，传统文化的现代表达显得尤为重要。运用数字化技术、虚拟现实等现代科技手段，对传统文化进行创新性转化，可以使其以更加生动、直观和互动的方式呈现给公众。例如，建立数字化博物馆或虚拟展览馆展示乡村文化遗产；利用虚拟现实技术提供沉浸式

文化体验；运用社交媒体等新媒体平台传播乡村文化，吸引年轻一代的关注和参与，提升传统文化的传播效率和影响力。

（三）跨界融合与产业联动

跨界融合与产业联动是文旅融合背景下乡村文化创新的关键策略。通过将乡村文化与旅游、教育、科技等多个领域相结合，形成新的文化产品和体验项目。例如，结合乡村自然景观和人文景观开发特色旅游线路；将传统手工艺与现代设计相结合，开发符合现代审美的文化创意产品；结合乡村传统文化与教育资源，开展研学旅行和文化体验活动。这种跨界融合与产业联动不仅有助于保护和传承乡村文化，还能为乡村经济发展注入新的活力。

（四）社区参与和文化共创

创新理念亦强调社区在文化传承中的中心作用。鼓励社区居民积极参与文化传承活动，可以激发他们的文化自觉和创造力，营造文化共创的氛围。例如，组织社区居民参与传统手工艺的学习和制作、文化节庆活动的策划与执行，让他们在实践中体验文化的魅力，成为文化传承的积极参与者。社区的参与不仅增强了乡村社会的凝聚力和归属感，也为乡村文化的可持续发展打下了坚实基础。

通过上述创新理念的应用，乡村文化传承与创新不再是孤立和单向的过程，而是一个多方参与、多领域融合、多维度发展的综合活动。这不仅有助于保护和弘扬乡村文化，也为乡村振兴战略的实施提供了新的思路和方法。

二、乡村文化创新的实践案例与启示

（一）案例一：浙江莫干山的“民宿 + 文化”模式

1. 民宿与文化融合的实践探索

在浙江莫干山，民宿业者通过精心设计和经营，将本土文化特色与住宿体验紧密结合。他们利用自然资源和文化遗产，巧妙地将乡村文化元素融入民宿的每一个角落。通过搜集历史物件、修复传统建筑、组织文化节庆等方式，民宿不仅提供了舒适的住宿环境，更让游客能够深入体验到乡村文化的独特韵味。例如，一些民宿采用传统手工艺，如竹编和木雕作为装饰，既美化了空间，又展示了手工艺的美学；同时，定期组织文化活动，如茶艺和书法讲座，让游客在品味和欣赏中感受到传统文化的深厚内涵。

2. 民宿对文化传承的积极影响

莫干山的民宿业不仅为游客带来了别具一格的旅游体验，也为乡村文化的传承与发展注入了新的活力。作为文化传播的使者，民宿业者的努力使得许多传统技艺和民俗文化焕发了新生。此外，民宿业的繁荣也吸引了更多的游客和投资者关注乡村，为文化保护和传承提供了资金和资源上的支持。

3. 启示与反思

莫干山的“民宿 + 文化”模式为乡村文化创新提供了重要的启示。它表明，在文旅融合的大背景下，创新乡村文化需要深入挖掘和利用本土文化资源，与旅游开发紧密结合，打造具有地方特色的文化旅游品牌。同时，乡村文化创新不应仅是对传统文化的复制，还应在传承的基础上进行创新，实现传统文化与现代生活的深度融合。

（二）案例二：四川理塘的“音乐＋旅游”模式

1. 音乐与旅游的深度融合实践

四川理塘，以其高原风光和藏族文化闻名，近年来通过发展音乐旅游产业，探索了一条将传统音乐与现代旅游相结合的创新之路。当地政府和企业合作，推出了一系列音乐旅游项目，如藏族音乐节和音乐会，以及音乐体验课程和文化交流活动，让游客在参与中体验藏族音乐的独特魅力。

2. 音乐对旅游产业发展的推动作用

理塘的“音乐＋旅游”模式不仅丰富了游客的文化体验，也为当地旅游产业的发展带来了新的活力。随着音乐旅游项目的推出和完善，理塘的知名度和吸引力不断提升，吸引了更多游客，带动了住宿、餐饮等相关产业的发展，并为当地居民创造了更多的就业和收入机会。

3. 启示与借鉴

理塘的实践为乡村文化创新提供了宝贵的借鉴。它告诉人们，在文旅融合的背景下，创新需要勇于尝试新的思路和方法，将传统文化与现代元素相结合，创造出具有独特魅力的文化产品和体验项目。同时，品牌建设和市场推广也是提升文化产品和体验项目知名度和影响力的关键。

（三）案例三：福建土楼的“文化＋科技”创新实践

1. 智能化管理与保护的实践

福建土楼作为世界文化遗产之一，其保护与传承受到了当地政府和居民的高度重视。通过引入智能化技术，如传感器、监控设备和大数据分析，土楼的保护和管理变得更加科学和高效。智能导览系统的开发，进一步提升了游客的游览体验。

2. 科技赋能文化创意产品的开发

在文化创意产品开发方面，当地充分利用科技手段，结合土楼的建筑元素和文化符号，开发了一系列具有科技含量的产品。例如，3D 打印技术复制土楼模型，虚拟现实技术让游客体验土楼内部空间，物联网技术用于特色农产品的追溯和防伪。

3. 线上线下融合的文化体验

为了加深游客的文化体验，当地注重线上线下融合创新。线上平台用于发布文化资讯、推广产品、组织互动活动；线下则举办文化节、手工艺展示和民俗表演，让游客深入了解土楼文化的内涵。

4. 启示与反思

福建土楼的“文化＋科技”创新实践提供了重要的启示。它表明，在乡村文化创新中，科技的应用可以极大地提升文化的传播效率和影响力。同时，还应关注科技应用过程中可能出现的问题，如技术壁垒和数据安全，并采取相应措施来应对这些挑战。

第三节　乡村文化传承与创新的平衡艺术

一、传承与创新的辩证关系

在乡村文化的发展轨迹中，传承与创新并非简单的对立关系，而是构成了一种相互依存和相互促进的辩证关系。这种关系虽然复杂微妙，却也和谐统一，共同推动着乡村文化的持续发展。

（一）传承是创新的基础与源泉

首先必须明确的是，传承是创新不可或缺的基础与源泉。乡村文化之所以能够不断创新，正是因为它拥有深厚的历史积淀和丰富的文化内涵。

这些宝贵的文化遗产是乡村文化的根基所在，为创新提供了源源不断的灵感和素材。一是历史记忆的延续，乡村文化中蕴含的历史记忆是乡村居民共同的精神纽带。传承使这些记忆得以保存，让后代能够体验先辈的智慧与努力。这些记忆是乡村文化的重要组成部分，也是创新的灵感来源。在创新过程中，可以从历史记忆中汲取灵感，结合传统与现代，创造出具有地方特色和时代精神的文化产品。二是文化认同的塑造，传承有助于塑造乡村居民的文化认同。在共同的传承过程中，乡村居民容易形成共同的价值观和行为规范，从而增强社区的凝聚力。这种文化认同感是乡村社会稳定和发展的基石，也是推动创新的重要力量。当居民对自己的文化产生强烈的认同和自豪时，他们更愿意投身创新实践，促进乡村文化的繁荣。三是知识与技能的传递，传承还包括了知识和技能的传递。在乡村社会中，许多传统技艺和智慧通过口头传授和实践教学代代相传。这些技艺和智慧是乡村文化的宝贵资产，也是创新的基础。通过传承，可以将这些知识和技能传递给下一代，使他们在传统的基础上发挥创造力，不断创新。

（二）创新是传承的动力与保障

传承并非对过去的简单复制，而应在其基础上进行创新。乡村文化振兴，不是要“复古”抑或“回归”传统社会，而是以传承与保护为核心，以创新发展为延伸，激活乡村传统文化元素，使之与现代价值相嫁接、相适应、相融合，焕发生机与活力，彰显其意蕴无穷、深厚丰富的魅力与风采。[80]一是赋予乡村文化时代适应性。随着社会的演进，乡村文化面临新的挑战和机遇。创新能够结合传统与现代，创造出与时代潮流相符的文化产品。这些产品不仅能够满足公众对高质量文化体验的需求，也能增强乡村文化在市场上的竞争力。例如，通过现代科技对传统文化进行数字化展示，可以扩大文化传承的受众和影响力。二是激发乡村文化的内在活力。创新能够解决传承过程中的诸多困难，如传承链条的断裂或传承人的老龄化。创新思维的引入，新的传承方式的探索，如吸引社会力量的参与和创意文化活动的开展，能够激发乡村文化的活力，促进传承的顺利进行。三是提升乡村文化的传承效果。创新不仅能保留传统文化的精髓，还能将其发扬光大。创新可以结合传统文化与现代科技、艺术，创造出更生动、直观的传承方式，从而吸引更多人参与，扩大传承的影响力。

（三）传承与创新的辩证统一

传承与创新并非孤立存在的，而是相互依存、相互促进的辩证统一体。在乡村文化传承与创新的实践中，需要正确把握传承与创新的辩证关系，实现二者的有机结合和协同发展。

一是平衡发展。在传承与创新的过程中，需要保持平衡发展的态势。一方面，要注重传承的连续性和稳定性，确保传统文化的精髓和特色得到保留和传承；另一方面，也要注重创新的积极性和创造性，鼓励和支持在传承基础上的创新实践。通过平衡发展，可以实现传承与创新的相互促进和相得益彰。

二是融合共生。传承与创新需要实现融合共生。传承、创新和发展乡村文化，必须让乡村文化有效地流传起来，既要传承过往，也要开拓创新。[81]在传承过程中融入创新元素，可以让传统文化更加符合时代潮流和公众需求；在创新过程中注重传承价值，可以确保创新实践不偏离传统文化的轨道和方向。通过融合共生，可以实现传承与创新的和谐统一和共同发展。

三是动态调整。传承与创新是一个动态调整的过程。随着时代的变化和社会的发展，需要不断调整传承与创新的策略和路径。例如，在面对新的市场需求和公众偏好时，需要及时调整创新方向和重点；在面对传承链条断裂和传承人老龄化等问题时，需要探索新的传承方式和路径，引入各方面社会力量，激活传承主体，发挥传承主体的主观能动性，拓展传承载体，在创新中有效传承和发展。通过动态调整，可以确保传承与创新的持续性和有效性。

二、平衡传承与创新的策略和方法

在乡村文化的发展中，实现传承与创新之间的平衡，不仅要求人们对传统文化给予尊重和保护，也需要人们积极探索创新的可能路径，以实现二者的互补和共同促进，从而进一步推动乡村文化的繁荣与发展。

（一）明确传承与创新的目标定位

首先，要确立传承与创新的目标定位，这是实现二者平衡的基础。传承的核心目的在于维护乡村文化的本质和特色，确保其持续性和稳定性；创新则旨在适应时代的发展，为乡村文化注入新的活力，推动其向前发展。在制定策略时，必须明确区分并准确界定传承与创新的目标，以防策略实施过程中出现方向性偏差。明确目标后，应对乡村文化进行深入分析，包括其历史背景、发展过程和核心要素，同时评估其在现代社会中的价值、意义及面临的挑战。这将有助于研究者更准确地确定传承与创新的焦点，为制定有效的策略提供坚实的基础。

（二）构建传承与创新的协同机制

为了促进传承与创新的协调发展，建立二者的协同机制是必不可少的。这涉及以下几个关键方面。

第一，建立沟通平台。创建一个多方参与的沟通平台，包括政府、学术界、产业界和乡村社区，以促进传承与创新方面的交流与合作。定期的研讨会和论坛可以作为分享经验和交流思想的场所，有助于形成共识，共同推动工作的进展。

第二，制定协同政策。政府需要出台相应的政策，以支持乡村文化的传承与创新。这些政策应当平衡传统与现代的需求，既要保护传统文化的独特性，也要鼓励创新的尝试。例如，可以设立基金来支持非物质文化遗产的保护，同时激励文化创新产品的研发和市场推广。

第三，强化资源整合。通过整合乡村内外的资源，如人才、资金和技术，为传承与创新提供必要的支持。包括吸引专业人才、引入社会资本和应用现代科技，以提高传承与创新工作的效率和质量。

（三）实施差异化的传承与创新策略

鉴于乡村文化的多样性和地域性特征，不同地区在传承与创新过程中可能面临不同的挑战。因此，需要根据各地区的具体情况，制定差异化的策略。对于传统文化资源丰富的地区，重点应放在传统文化的挖掘、记录和保护上，同时培养传承人，确保文化传承的连续性。在此基础上，可以尝试将传统元素与现代设计相结合，开发具有地方特色的新产品和旅游项目。可以因地制宜，立足实际，把乡村文化与社会文明要素、农民需求结合起来，在保护传承的基础上争取进一步创新发展，全力赋予新时代内涵。面临传承困境的地区需要探索新的传承方式，如利用数字化技术进行文化记录和展示，吸引年轻人参与，并通过教育和实践活动激发他们的兴趣。此外，鼓励跨界合作，促进传统文化与现代领域的融合，以开辟新的传承和发展空间。对于具有创新潜力的地区，应利用当地的自然资源和文化景观，发展生态旅游和文化创意产业。同时，引进外部智力和资源，与高校、企业等建立合作关系，共同推进文化创新项目。

（四）注重传承与创新的动态平衡

传承与创新是一个不断演变的过程，需要根据时代发展和社会变化进行不断的策略调整。为此，建立一个动态平衡的机制是关键。

第一，定期评估与调整。通过建立定期评估机制，对传承与创新的效果进行监控和反馈。根据评估结果及时调整策略，以保持传承与创新的平衡。

第二，鼓励多元参与。通过政府的引导、市场的运作和社会的参与，形成推动乡村文化繁荣的合力。政府可以制定支持性政策，市场可以提供必要的资金和技术支持，社会可以通过志愿服务等形式参与到传承与创新的实践中。

第三，强化文化认同。通过教育和文化活动，增强乡村居民对自己文化的认同和自豪感。这不仅有助于乡村文化的保护，也能够激发年轻一代对文化的兴趣和创新意识，为乡村文化的传承与创新带来新的活力和创意。

第四节　文化资源可持续利用的路径研究

一、政策引导

在乡村文化传承与创新的多元生态系统中，政策引导发挥着举足轻重的作用。它不仅提供了乡村文化持续发展的方向性指引，还通过一系列具体措施，推动了资源的合理配置和各方力量的有效协同。

（一）政策制定的必要性

首先，必须深刻认识到政策制定的重要性。乡村文化传承与创新是一个涉及多方面、影响深远的系统工程，需要政府、社会、市场等多方的共同参与和协作推进。在这个过程中，政策作为政府调控和引导的重要工具，能够明确目标、整合资源、规范行为，为乡村文化的传承与创新提供坚实的保障。一是明确发展方向，政策制定能够为乡村文化传承与创新指明方向，确保各项工作围绕核心目标进行。通过科学合理的政策规划，政府可以引导乡村文化朝着有利于社会进步和人民福祉的方向发展。二是整合资源要素，乡村文化传承与创新需要资金、技术、人才等各类资源的支持。政府在制定政策时可以通过财政补贴、税收优惠、项目扶持等手段整合这些资源要素，为乡村文化的传承与创新提供坚实的支撑。三是规范市场行为，在市场化运作日益普及的背景下，乡村文化的传承与创新也面临着市场竞争的挑战。政策制定可以通过法律法规、行业标准等手段，规范市场秩序，保护知识产权，维护公平竞争的环境，为乡村文化的传承与创新创造良好的市场条件。

（二）政策内容的设计

政策内容的设计是实现政策引导目标的核心环节。为确保政策的实效性和适应性，政策内容的设计必须充分考虑乡村文化的独特性、需求以及传承与创新的实际状况。

一是保护传统文化资源，政策应明确传统文化资源的保护措施，涵盖对传统建筑、民俗活动、非物质文化遗产等的保护。通过立法确立保护地位，加大执法力度，确保传统文化资源得到妥善保护。

二是支持传承人培养，传承人是乡村文化传承的关键。政府制定政策应提供资金补助、培训机会、展示平台等，以培养和支持传承人，激发他们的积极性和创造性，确保文化传承的连续性。

三是鼓励文化创新，在维护传统文化的基础上，政策应鼓励创新。通过设立创新基金、举办创意大赛、建立创新孵化器等措施，为文化创新提供必要的资金、技术和市场支持，推动乡村文化与现代元素的融合。

四是促进产业融合发展，乡村文化的传承与创新应与产业发展相结合。政策应激励乡村文化与旅游、农业、教育等产业的深度融合，开拓乡村文化的发展空间和市场前景。

（三）政策执行的有效性

政策的有效执行是实现政策目标的关键。为确保政策得到有效执行，需采取一系列措施加强政策执行的监督和管理。一是建立健全的政策执行机制，明确执行的主体、程序和标准。通过设立专门机构或委托第三方机构，确保政策得到有效落实。二是加大对政策执行情况的监督检查力度，定期评估和反馈政策执行情况。发现问题及时整改，确保政策执行的准确性和有效性。三是强化激励约束，建立激励约束机制，对政策执行成效显著的单位和个人给予表彰和奖励；对执行不力或违规的单位和个人进行问责和处罚，提高政策执行的积极性和有效性。

（四）政策调整的动态性

乡村文化传承与创新是一个不断演变的过程，要求政策能够及时响应实际情况的变化，进行调整和优化。一是密切关注国内外形势的变化，及时分析评估政策执行的成效和问题。根据形势变化和政策执行效果，适时调整政策内容和方向。二是广泛收集和倾听政府、社会、市场等各方意见和建议，通过座谈会、问卷调查等方式，了解他们对政策执行的看法和需求，为政策调整提供参考。三是在政策调整过程中保持灵活性，避免一刀切和僵化执行。根据不同地区、不同领域的实际情况，制定差异化的调整方案，确保政策调整更加贴合实际需求。

二、社会力量参与

在乡村文化传承与创新的宏伟蓝图中，社会力量以其独特的视角和丰富的资源，成为推动这一进程不可或缺的关键力量，不仅为乡村文化带来了新颖元素，还通过多元化的参与路径，促进了文化传承与创新的有机融合。以下将从社会力量的精准界定与细致分类出发，深入探讨其参与动机的多样性、参与模式的创新性、成效评估的综合性，以及面临的挑战与应对策略，全面剖析社会力量在乡村文化传承与创新中的核心角色与深远影响。

（一）社会力量的定义与分类

社会力量涵盖了所有非政府性质的、能够对社会各领域产生积极影响的力量集合，包括但不限于企业、社会组织、个体公民以及现代传媒体系。在乡村文化传承与创新的独特语境下，这些社会力量被进一步细化为以下几个关键类别。

企业：企业作为市场经济的重要参与者，通过资本投入、项目赞助、战略合作等多种渠道深度介入乡村文化领域。旅游企业依托乡村的自然景观与文化底蕴，精心打造乡村旅游线路与文化体验产品，不仅丰富了游客的文化体验，也促进了乡村文化的市场化传播。文化企业则致力于挖掘乡村文化的独特价值，运用现代设计理念和科技手段，将传统文化元素融入现代文化产品之中，创造出具有鲜明地域特色和高度市场竞争力的文化品牌。

社会组织：非政府组织（NGO）、基金会及志愿者团体等社会组织，凭借其在公益领域的专业优势与深厚积累，为乡村文化传承与创新提供了坚实的支撑。它们通过策划并实施一系列公益活动，如文化节庆、技能培训、环境保护等，不仅直接惠及乡村居民，还激发了乡村社会的自我发展能力。社会组织还通过提供技术援助、政策咨询等服务，帮助乡村社区提升文化自觉与文化自信，推动文化传承与创新的内生动力。

个体：艺术家、学者及乡村居民等个体力量，以其独特的视角和深厚的情感基础，为乡村文化传承与创新注入了鲜活的生命力。艺术家通过艺术创作，将乡村文化的独特魅力以视觉、听觉等多元形式展现给世人；学者则通过深入研究，揭示乡村文化的内在逻辑与价值意义，为文化传承与创新提供理论支撑；乡村居民作为文化的直接传承者，通过日常生活实践中的文化表达与传承活动，维系着乡村文化的连续性与多样性。

媒体：在信息时代背景下，媒体成为连接乡村与城市、传统与现代的重要桥梁。通过新闻报道、专题访谈、纪录片制作等多种方式，媒体将乡村文化的独特魅力与传承故事传递给更广泛的受众群体。另外，媒体还通过发挥舆论引导与文化传播功能，提升公众对乡村文化的关注度与认同感，为乡村文化传承与创新营造良好的社会氛围。

（二）社会力量的参与动机

一是社会责任感的驱动。许多社会力量将参与乡村文化传承与创新视为履行社会责任的重要途径。它们认为，通过为乡村社会提供文化支持与发展动力，不仅有助于促进乡村社会的全面进步与和谐稳定，还能为构建更加美好的社会贡献自己的力量。

二是商业利益的考量。对于部分企业而言，参与乡村文化传承与创新不仅是履行社会责任的体现，也是实现商业利益的重要途径。通过开发具有市场潜力的乡村旅游产品与文化品牌，企业能够拓展新的市场空间与消费群体，提升品牌知名度与美誉度。同时，乡村文化的独特魅力也能为企业带来差异化竞争优势与持续发展的动力源泉。

三是个人兴趣与情怀的驱使。许多个人参与乡村文化传承与创新是出于对乡村文化的深厚情感与浓厚兴趣。他们不仅希望通过自己的创作、研究或传承活动表达对乡村文化的热爱与尊重，也希望为乡村文化的传承与发展贡献自己的力量。这种个人兴趣与情怀的驱使使得他们在参与过程中更加投入与专注，也更容易产生具有创新性和影响力的成果。

四是公益心与奉献精神的彰显。社会组织和个人往往具有较强的公益心和奉献精神。他们相信通过自己的行动不仅能够帮助乡村居民改善生活条件、提升生活质量，也能为乡村文化的传承与弘扬贡献一份力量。这种公益心与奉献精神的彰显不仅体现了他们的高尚品质与道德追求，也为乡村文化传承与创新注入了强大的精神动力与道德支撑。

（三）社会力量的参与模式

在乡村文化传承与创新的广阔舞台上，社会力量的参与模式呈现出多元化的特点，这些模式不仅丰富了参与路径，还促进了资源的优化配置与高效利用。以下是对几种常见参与模式的深入剖析与拓展。

一是政企合作模式深化拓展。在这一模式下，既需要自上而下的乡村文化建设和管理，也需要自下而上的社会力量参与乡村文化建设，以双轨并行的方式传承和发展乡村文化。政府与企业之间的合作不仅限于政策与资金的简单结合，更在于双方优势资源的深度整合与战略协同。政府通过制定有利于乡村文化传承与创新的政策框架与激励机制，为企业创造更加有利的营商环境；企业则凭借其敏锐的市场洞察力和高效的运营管理能力，将政府的政策导向转化为具体的项目实施方案，确保文化传承与创新活动能够落地生根。此外，政企双方还注重在文化传承内容上的创新与合作，共同挖掘乡村文化的独特价值，推动其与现代社会的融合发展。

二是社会组织主导模式的创新实践。社会组织作为非营利性机构，在乡村文化传承与创新中发挥着引领与推动作用。它们不仅通过组织公益活动、技术培训等方式直接参与文化传承活动，还注重构建多方参与的协作网络，汇聚政府、企业、个人及媒体等多方力量，形成合力。社会组织在项目实施过程中，注重与当地社区的沟通与合作，尊重并吸纳社区居民的意见与建议，确保文化传承活动能够贴近民众需求，增强文化认同感和归属感。

三是个人自发参与模式的活力激发。个人作为文化传承的最小单元，其自发参与对于乡村文化的保护与传承具有不可忽视的作用。随着社会的进步和人们生活水平的提高，越来越多的人开始关注并参与到乡村文化传承与创新中来。他们通过艺术创作、学术研究、民间技艺传承等多种方式，为乡村文化注入了新的活力与创意。同时，个人自发参与模式也促进了乡村文化的多样性和丰富性，使传统文化在传承中不断创新，在创新中得以传承。

四是媒体宣传模式的创新传播。在信息化时代背景下，媒体在乡村文化传承与创新中的作用日益凸显。媒体通过运用新媒体技术和多样化的传播手段，将乡村文化的独特魅力与丰富内涵呈现给更广泛的受众群体。它们不仅关注乡村文化的传统表达形式，还积极挖掘并推广那些具有创新性和时代感的文化元素，使乡村文化在传承与创新中焕发新的生机与活力。此外，媒体还通过舆论引导和社会动员等方式，营造有利于乡村文化传承与创新的良好社会氛围，激发更多社会力量的关注与参与。

（四）社会力量参与成效的全面评估与反思

评估社会力量参与乡村文化传承与创新的成效是一个复杂而系统的过

程，需要从多个维度进行深入剖析与综合考量。

一是对文化传承效果的深度评估。在评估文化传承效果时，应注重考察传统文化资源的保护状况、传承人的培养与成长情况以及文化活动的持续性与影响力等方面。通过定性与定量相结合的方式，全面评估社会力量在推动乡村文化传承方面所取得的成效与不足。同时，应关注文化传承过程中出现的创新点与亮点，总结经验教训，为未来的文化传承工作提供有益借鉴。

二是对经济效益的广泛考量。经济效益作为衡量社会力量参与成效的重要指标之一，其评估范围应涵盖相关产业的发展状况、就业机会的创造与增加、居民收入水平的提升等多个方面。通过深入分析社会力量在推动乡村经济发展中所发挥的作用与贡献，可以更加清晰地认识到文化传承与创新对于乡村经济转型升级的重要意义。同时，应关注经济效益与文化传承之间的相互作用关系，确保文化传承活动能够在促进经济发展的同时保持其独特性和可持续性。

三是对社会效益的综合评价。社会效益是衡量社会力量参与成效的综合指标之一，它涉及乡村居民生活条件的改善、社会关系的和谐稳定、文化认同感的提升等多个方面。在评估社会效益时，应注重考察社会力量在推动乡村社会全面发展方面所取得的成效与贡献。通过收集并分析相关数据与案例，可以更加全面地了解社会力量在改善乡村居民生活质量、促进社会和谐稳定等方面所发挥的重要作用。同时，应关注社会效益的长期性与持续性，确保文化传承与创新活动能够为乡村社会的长远发展奠定坚实基础。

三、政策引导与市场自由发展间的平衡

在乡村文化传承与创新的进程中，达成政策引导与市场自由发展之间的和谐平衡是一项极具挑战性的工作。

（一）政策与市场协同发展

政策与市场协同发展策略的出发点是确立政策的指导作用和市场的基础性作用。在此策略下，政策应清晰界定其在乡村文化传承与创新中的角色，专注于提供宏观方向指引、保障文化传承的基本权益、促进资源的合理配置。政府通过提供政策优惠和创业支持等方式吸引社会力量投资乡村文化产业，挖掘乡土文化的经济效益，在促进农村经济发展的同时为村民创造更多的就业岗位，吸引外出务工人员回流，助力乡村文化振兴。[82]市场在此过程中应获得必要的自由度，以激发创新活力和提高效率。政策制定者需深刻理解市场在资源配置中的决定性作用，并避免不必要的干预。此外，建立政府、市场和社会三方的沟通机制，促进信息共享和意见交流，增强政策的透明度和公众参与度，是确保政策与市场协同发展的关键。

（二）灵活的政策制定与及时调整

政策设计需具备足够的灵活性，以适应市场的变化和乡村文化发展的不同阶段。政策制定应避免一刀切，要允许各地区根据当地的文化特色和市场需求，实施差异化的政策措施。政府在制定和规范网络音频传播乡村文化的流程中，首先需要识别和动员那些对乡村文化传播有兴趣和帮助的社会力量，这包括平台主播、村民、乡贤以及公益组织等。通过这些地方力量的通力合作，可以形成一个多元主体的协同治理结构，建立一个合理有效的乡村文化传播机制。[83]政府应定期进行政策评估和调整，确保政策内容与乡村文化传承和市场发展的实际需求相匹配。这种策略的实施，强调了政策的动态性和适应性，以保证政策的长期有效性和可持续性。

（三）传统文化的保护与创新并重

传统文化的保护与创新并重策略旨在平衡对传统文化的保护和对创新的鼓励。政策应支持传统文化的传承和保护，通过设立专项基金、税收优惠等措施，同时激励文化创新和产业升级。市场主体应在尊重和保护传统文化的基础上进行创新实践，开发新的文化产品和服务，以满足公众的多样化需求。这一策略的实施强调了在保护中创新、在创新中传承的重要性，有助于实现传统文化的现代转化和创新发展。

（四）加强市场监管与文化教育普及

加强市场监管与文化教育普及策略要求政府加强对市场的监管，确保市场行为符合法律法规和政策要求，保护消费者权益和文化遗产。同时，鼓励市场主体加强自律，建立行业标准和道德规范，促进公平竞争和诚信经营。此外，政策制定应重视乡村文化教育和普及，提高公众对传统文化价值的认识和尊重。通过教育、媒体宣传和举办文化活动，增强公众的文化自觉和保护意识，提升公众对乡村文化的参与度和兴趣。

这些策略的实施不仅可以在保护和传承乡村文化的同时充分发挥市场在资源配置和创新驱动中的积极作用，还能实现政策引导与市场自由发展之间的有效平衡。这不仅有助于乡村文化的繁荣，还将促进乡村经济的可持续发展和社会全面进步。实现这一平衡需要政策制定者、市场参与者和社会各界的共同努力，以确保乡村文化传承与创新工作的有效性和可持续性。

第七章　文旅新质生产力发展的理论与实践路径

第一节　文旅新质生产力的内涵审视

一、文旅新质生产力的概念

文旅新质生产力是新质生产力的重要组成部分，也是新质生产力引领的高端制造业升级与现代服务业融合发展的重要体现。到目前为止，当前学术界针对新质生产力在旅游业中的运用，出现了“文旅新质生产力”和“旅游新质生产力”两个专有名词，学者侯洁等多认为二者大致等同，关于文旅新质生产力的研究仍处于理论探索阶段，其内涵、测度以及实现路径尚未得到清晰界定。在其内涵方面，侯洁认为旅游业新质生产力是以满足人民群众不断升级的旅游高品质生活为指引，通过促进高新技术在旅游领域的深度运用，推动旅游供给的产品创新、业态创新、服务创新和模式创新，具有数智化、融合化、高效化、精准化、绿色化特征，符合新发展理念的先进生产力质态。[84] 刘沛林、徐硕则认为文旅新质生产力是以科技创新为主导，以新一代信息技术为支撑，以数字经济为背景驱动，追求文旅融合的高科技、高效能、高质量和绿色低碳效益，符合新发展理念的先进文旅生产力质态。[85]文旅新质生产力是在传统文旅生产力的基础上继承、发展和创新的，它的“新”主要体现在高端制造业与现代服务业的创新升级与产业融合方面。此外，于爽、宋正刚认为在数字经济的大背景下，文旅新质生产力以科技创新为主要导向，依托于新一代数字化信息技术，追求文旅融合的高科技、高效能、高质量和绿色低碳效益，具有高端制造业升级和现代服务业融合发展的重要现实意义，是新发展理念下新质生产力引领的一种全新生产力质态。[86]结合以上 3 个观点，本书认为文旅新质生产力是以创新为主导，依托传统生产力增长路径、符合高质量发展要求的生产力，是信息时代更具融合性、更体现引导性的生产力。新质生产力将进一步提升文旅融合的可持续发展水平，指引文旅产业高质量增长的光明前景，开创“人工智能 +”的中国文旅全景发展范式。文旅新质生产力强调以科技创新为原动力，以场景互动为驱动力，引入新技术、新装备、新体验、新模式，实现劳动者、劳动资料、劳动对象及其优化组合的跃升，最终提升文旅产业全要素生产率。文旅新质生产力力求摆脱传统经济增长方式和传统生产力发展路径，它的“质”主要体现在文化、体验和服务的全方位提升和高质量发展方面，以数字化和智能化应用实现产业模式变革，以科技、文化、创意融合丰富内容供给，以注重生态环境保护实现可持续发展，以文化自信引领文旅高水平开放，构建绿色低碳循环的文旅高质量发展经济体系。

二、文旅新质生产力的创新性

（一）旅游数字生产创新

文旅新质生产力的核心在于应用人工智能、大数据、云计算等前沿数字技术，这些技术在推动旅游数字化基础设施建设方面发挥着至关重要的作用。尽管目前这些数字技术在旅游业中的应用尚未完全成熟，但它们正逐步推动旅游业的数字化生产向智能化方向转型升级。通过引入这些先进的数字技术和智能化的旅游设备，旅游业能够更加精准、高效地满足市场多样化的消费需求。[87]文旅新质生产力的创新性在旅游数字生产创新中表现得尤为突出。它不仅推动了旅游业的数字化基础设施建设，促进了旅游业的智能化转型升级，还培育了数字文旅新业态，为文旅产业结构的优化升级提供了内在动力。同时，它为应对旅游者需求的变化、推动文旅融合、解决传统旅游业发展中的问题提供了方案和路径。这种新业态的涌现，不仅标志着旅游业从信息化、数字化向智慧化、数智化时代的转型升级，还体现了新质生产力在文旅产业中的创新应用和重大变革。同时，大数据和人工智能的应用也为文旅新质生产力的发展提供了有力支持。通过对旅游者行为数据的挖掘和分析，文旅企业可以更好地了解消费者的需求和偏好，从而提供更加个性化和精准的旅游产品和服务。此外，人工智能的应用还可以提高文旅企业的运营效率，降低运营成本，提升旅游者的满意度。在数字经济时代，文旅新质生产力的发展对培育和壮大数字消费具有重要意义。数字消费将成为扩大内需、实现中国经济高质量发展的重要引擎。随着文旅产业数字化转型和数字化产业升级的不断推进，文旅新质生产力将为旅游业带来更加广阔的发展空间和更多的创新机遇，推动旅游业实现更高质量、更有活力、更可持续的发展。

（二）旅游产业链协调创新

在当今数字化时代，文旅新质生产力的形成和发展正日益成为推动旅游产业创新与转型的关键动力。其核心在于数据要素的配置与赋能，以及数字技术在旅游产业链各环节的广泛应用。这种新质生产力通过全面实行数字化管理，能够改变传统旅游业不平衡和不充分的发展模式，优化旅游产业链的构成要素和业务流程，进而重构旅游产业链的运作机制和形态。

文旅新质生产力的创新性，不仅体现在对传统旅游业边界的改变和新型旅游核心竞争力的形成上，更表现在传统旅游业与文化、体育等相关产业的交叉、渗透和融合上。这种融合在本质上是一种新型的产业内分工，它推动了文化和旅游产业在文旅融合产业链中的双重嵌入，形成了具有地域特色的、灵活多元的文旅融合模式。在文旅融合产业链中，文化产业链的嵌入尤为关键。对于具有明显属地特征的文化产业链，如各地的特色文化，其嵌入必然带有浓厚的地域特色；对于具有较强属权特征的文化产业链而言，如主题乐园等，其嵌入则更为灵活和多元。这种创新的嵌入方式，不仅丰富了文旅融合产业链的内涵，也为旅游产业的发展提供了新的动力和方向。随着文旅新质生产力的不断推进，旅游产业链的“鲁棒性”也日益受到重视，即旅游产业链在面对各种干扰和风险时，能够保持结构的柔性和运作机制的稳定性，有效地为消费者提供旅游产品和服务，形成有效的协同演化机制和可持续发展的能力。在数字经济环境下，旅游产业链的各主体间形成了多元链接关系，多元化的旅游业要素供给企业与数字经济形成了多种关系，不仅包括消费者与核心企业之间的交易关系，还包括旅游产品提供者之间的合作关系，以及政府、社区、非营利组织等利益相关者之间的互助关系。在这样的背景下，各种人工智能、大数据协同发展，给文化旅游业创造了极大的空间，数字技术不仅包含了技术、业务及市场，也更融入了文化旅游业当中的各个环节，以整个产业的融合为发展导向，并将重心放在数字化、虚拟化、智能化的文旅消费中。[88] 当前，消费者需求的多元化和个性化日益显著，旅游新潮不断涌现，旅游产业链内容呈现出多元化发展的趋势。基于消费者的多元化和精细化需求，旅游产业链以新质生产力为载体，将消费者需求所涉及的旅游业要素（包括有形商品和无形服务）有效地集成在一起，扩展了旅游产业链的边界，创新和重塑了旅游产业链主体间的分工与协作关系。此外，文旅新质生产力还推动了旅游产业链的协调创新。通过模块整合、产品创新、功能升级等路径，旅游产业链的市场主体不仅能促进旅游产业走出同质化的低水平陷阱，实现产业链的升级与优化，更好地满足消费者需求，而且能从文旅融合产业链中获取相应的网络权益和超额利润。

总之，文旅新质生产力的创新性在旅游产业链协调创新中表现得尤为突出，不仅推动了旅游业的数字化基础设施建设，促进了旅游业的智能化转型升级，还培育了数字文旅新业态，为文旅产业结构的优化升级提供了内在动力。另外，它也为应对旅游者需求的变化、推动文旅融合、解决传统旅游业发展中的问题提供了重要的解决方案和创新路径。

（三）旅游产品和体验的创新

文旅新质生产力的创新性对旅游产品和体验创新也有深刻的影响。新质生产力作为一种新兴的驱动力，正在不断地推动旅游服务、管理、营销以及产品等多个领域的质的飞跃和创新。[89] 这种创新不仅体现在技术层面的应用上，更在于它如何重新定义旅游体验的丰富性和多样性。首先，旅游服务新质化是新质生产力影响的一个重要方面。通过利用先进的信息技术，如人工智能和大数据分析，旅游服务可以变得更加智能化和个性化。这不仅提升了游客的满意度，也为旅游服务提供了更加高效的运营模式。例如，通过智能推荐系统，可以根据游客的偏好和行为模式，为其提供定制化的旅游服务和体验。其次，旅游管理新质化也是新质生产力的一个重要体现。数字化管理工具和平台的应用，使旅游管理更加精细化和系统化。这不仅提高了管理效率，也使旅游运营更加透明和可追踪。通过实时数据分析和监控，旅游管理者可以更准确地预测市场趋势，及时调整管理策略。在旅游营销领域，新质生产力同样发挥着重要作用。通过运用新媒体和数字营销技术，旅游营销可以更加精准地服务目标客户群体。同时，利用数据分析和消费者行为研究，旅游营销可以更好地满足消费者的个性化需求。例如，通过社交媒体和在线广告，旅游企业可以与消费者建立更直接的互动关系，提高品牌知名度和市场影响力。旅游产品新质化是新质生产力创新的另一个关键领域。通过整合创新技术和文化创意，旅游产品可以提供更加丰富和多元的体验。这不仅包括传统的观光旅游，也包括体验式、参与式和教育式的旅游产品。例如，利用虚拟现实技术，游客可以体验到无法亲临现场的旅游目的地，或者在历史场景中进行沉浸式体验，特别值得一提的是沉浸式旅游体验新空间，它代表了旅游产品新质化的一种创新模式。这种模式主要利用增强现实、虚拟现实、人工智能等数字科技，结合文化创意元素，在旅游景区、度假区、产业园区、休闲街区、博物馆等场所，通过文旅融合、虚实结合等方式，为游客提供深度参与和互动体验的旅游产品和消费场景。[90] 此外，新质生产力还推动了旅游产业链的纵向整合。通过掌控信息资源，新质生产力可以改变旅游信息的收集和传播方式，解构传统旅游经济体系中的信息要素，形成各种创新组合。这不仅打破了原有的旅游产业边界，也丰富了旅游产品和服务的内涵。

三、文旅新质生产力的特性

在数字经济时代，旅游数字化生产与服务已成为旅游业高质量发展的重要方向，而新质生产力是实现这一目标的关键路径。那么，文旅新质生产力究竟“新”在何处。

（一）创新驱动特性

创新作为推动旅游可持续发展的关键动力，正受到越来越多的关注。在数字经济和科技革命的推动下，具有颠覆性和突破性的数字技术不断涌现，并被广泛应用于旅游领域，极大地提升了旅游生产效率，呈现出裂变式的增长。[91] 这种创新驱动的特性，不仅改变了旅游业的运作模式，也为旅游业的未来发展开辟了新的道路。2023 年 12 月 31 日，国家数据局联合其他 16 个部门发布了《“数据要素 ×”三年行动计划（2024—2026 年）》，特别强调了“数据要素 × 文化旅游”行动的重要性。该行动计划的核心内容包括推动文化数据资源的开放共享、交易流通，并充分发挥数据要素在文化旅游行业中的乘数效应。此外，该计划还旨在探索培育文化创意新产品的行动路径和落地场景，以数据要素为纽带，促进文化旅游行业的创新发展。

文旅新质生产力的创新驱动特性主要表现在以下几个方面：首先，它通过整合各类旅游资源，实现了资源的优化配置和高效利用。这种整合不仅包括物理资源，如景区、酒店等，也包括信息资源，如旅游数据、用户评价等。其次，新质生产力通过引入先进的技术和管理方法，提升了旅游生产和运营的效率。例如，利用人工智能和信息技术优化旅游服务流程，可以提高响应速度和服务质量。再次，新质生产力推动了个性化定制和体验式旅游等新型服务模式的形成。在消费者需求日益多元化的背景下，旅游业需要提供更加个性化和差异化的服务，以满足消费者的期望。通过利用大数据和人工智能技术，旅游业可以更好地了解消费者的需求和偏好，为其提供定制化的旅游产品和服务。最后，人工智能、信息技术、元宇宙等前沿技术的突破和应用，将进一步加速旅游新业态和新发展模式的形成。例如，虚拟现实和增强现实技术可以为游客提供沉浸式的旅游体验，区块链技术则可以提高旅游交易的安全性和透明度。这些技术的应用不仅推动了旅游业的创新和发展，也使旅游业进入了一个新的发展阶段。

（二）以人为本特性

在经济全球化和数字化时代背景下，衡量经济发展质量的核心标准逐渐转变为其能否满足人民对美好生活需要的日益增长。2024 年 5 月 17 日，在全国旅游发展大会上，习近平总书记肯定了我国旅游业取得的突出成就，并强调要“着力完善现代旅游业体系，加快建设旅游强国”，以及“推动旅游业高质量发展行稳致远”，明确了文旅产业在提升人民幸福感和获得感中的重要作用。文旅产业已经成为经济增长的重要引擎、转型发展的重要动能、巩固脱贫攻坚成果实施乡村振兴的重要支撑、人民幸福生活的重要指标。[92] 在旅游研究领域，数理化和模型化的趋势也使研究者在有意无意中忽略了复杂的“质量”因素。但从经济学视角看，能否有效满足消费者的实际需要是衡量产品质量的关键。因此，产品质量不仅关乎生产技术，其核心更在于满足消费者需求的程度。作为生产力的最新形态，文旅新质生产力的功能在于实现更高质量的发展。旅游业的质量可以定义为旅游供给内容及结构与旅游者实际需求之间的适配性，表现为能更有效地满足旅游者需求。同时，文旅新质生产力的发展导向也包含强烈的人本内涵。随着消费者需求的不断升级，旅游业需要不断创新产品和服务，满足消费者的个性化需求。通过运用大数据、人工智能等技术，可以更好地分析和预测消费者需求，为消费者提供更加精准和个性化的旅游产品和服务。旅游业发展强调旅游的生产活动以满足旅游者的多元化和精细化需求为根本。旅游者成为旅游产业链元素组合、产品和服务创新等价值创造的合作生产者，在旅游生产的各个环节中愈益凸显出积极的主动性作用。另外，产业链治理是文旅新质生产力形成的重要机制。文旅新质生产力构造的产业链治理结构是一种典型的“消费者反馈型”新型治理结构。这种结构与传统旅游产业链的运作逻辑不同，是一种以用户为基点的“逆向”构建过程。通过“消费者旅游需求—网络效应激发—旅游产品和服务供给”的机理链，建立起新型旅游产业链。在这一过程中，旅游消费者成为文旅新质生产力构造的旅游产业链元素组合、产品和服务创新等价值创造的合作生产者。消费者通过分享攻略和点评产品等方式表达消费需求，对旅游产业链上的产品和服务供需机制产生了巨大影响。基于用户生成内容技术，消费者需求的引导作用被延伸到潜在文化和旅游市场，激发了其他消费者需求，实现了将消费者主导性作用从单向的内部服务过程向整个旅游产业链的拓展。文旅新质生产力以人为本的特性不仅体现在对旅游消费者的重视上，也体现在对旅游生产者人才的培养和发展的重视上。随着旅游业的快速发展，对旅游专业人才的需求日益增加。文旅新质生产力强调培养具有创新精神、专业技能和国际视野的旅游人才，以适应旅游业的多元化和高质量发展需求。旅游生产者人才的培养和发展是文旅新质生产力的重要组成部分。旅游人才不仅需要具备专业的知识和技能，还需要具备创新思维和跨文化交流的能力。通过加强旅游教育和培训，提高旅游人才的专业素养和创新能力，可以为旅游业的可持续发展提供人才保障。此外，文旅新质生产力还强调旅游业的可持续发展。在满足消费者需求的同时，注重生态环境保护和社会责任。通过推广绿色旅游、生态旅游等理念，实现旅游业与自然环境和社会的和谐共生。

（三）供需融合特性

在探讨文旅新质生产力的特性时，供给需求融合特性是一个不容忽视的重要方面。传统旅游生产模式中，旅游业的供给主体通常通过中间商向需求主体提供产品和服务，这往往导致生产与消费之间的“脱节”。随着文旅新质生产力的兴起，这种脱节正在逐渐被有效连接和融合所取代。作为生产力的最新形态，文旅新质生产力超越了传统地理空间范畴的场域维度。依托人工智能、大数据、云计算等前沿技术以及相应的数字信息基础设施，文旅新质生产力在将数据作为重要生产要素的过程中，展现出快速传播、极速反馈和有机融合的天然特性。数字化不仅是新质生产力的基本形态，也是其核心特征之一。文旅新质生产力极大地凸显了供需两侧的信息交互特点。数字经济，特别是互联网技术的快速发展，极大地降低了旅游供需两侧沟通的信息成本。通过信息平台，旅游业在既有资源基础上主动或被动地利用数字经济手段对旅游业进行重构，优化旅游产品和服务体系，形成新的价值体系，为消费者带来新的价值体验。在这一过程中，旅游产品或服务要素供给者围绕旅游者需求形成了多元链接的虚拟关系。这种关系使旅游产业链突破了“时空”束缚，不仅能更及时、方便、准确地传递旅游产品和服务信息，激发和提升消费者的个性化文化与旅游需求，而且有利于供给方有针对性地为消费者设计和创新旅游产品与服务。从旅游产品供给方的角度来看，文旅新质生产力强调供给者要紧跟消费者需求的变化，不断创新和优化产品和服务。供给者需要利用数字技术手段，对消费者的需求进行深入分析和精准预测，以便更好地满足消费者的个性化和多元化需求。同时，供给者需要加强与消费者的互动和沟通，及时收集和反馈消费者的意见和建议，不断改进和提升产品和服务质量。从旅游消费者的角度来看，文旅新质生产力为其提供了更加丰富、多元和个性化的旅游产品和服务选择。消费者可以通过网络平台，更加方便地获取旅游产品和服务信息，进行比较和选择。另外，消费者还可以通过网络平台表达自己的需求和意见，参与到旅游产品和服务的设计和创新过程中，实现供需双方的深度融合和互动。此外，文旅新质生产力还强调旅游业的可持续发展。在满足消费者需求的同时，也要注重生态环境保护和社会责任。通过推广绿色旅游、生态旅游等理念，实现旅游业与自然环境和社会的和谐共生。

第二节　文旅新质生产力发展的理论逻辑

一、科技创新驱动

党的二十大报告明确提出了全面建成社会主义现代化强国的宏伟目标，并强调实现这一目标的关键在于构筑坚实的物质技术基础。这一基础的建立与生产力的发展紧密相连，而科技创新正是推动生产力发展的核心动力。随着科技的不断进步，文旅业作为国民经济的重要组成部分，其与科技创新的融合已成为推动时代发展的必然趋势。在新质生产力的背景下，科技创新已成为文旅业发展的关键驱动力。通过技术应用和平台构建，科技创新能够以多种方式促进文旅业的深度融合，提升生产力水平，为文旅业带来前所未有的发展机遇。一是科技创新在文旅业的应用，特别是虚拟现实、增强现实、人工智能等尖端科技的融合，极大地丰富了文旅服务的智能化和个性化水平。这不仅为消费者带来了更具吸引力和沉浸感的新产品和业态，而且推动了文旅服务模式的革新。例如，消费者可以通过移动应用和在线平台进行旅游规划，享受便捷的线上预订服务，并通过社交媒体分享自己的体验，这种互动性和分享性大大提升了旅游体验的丰富度和深度。二是科技创新使旅游消费者能够更加深入和直观地体验文旅产品。通过虚拟现实和增强现实技术，消费者可以在家中预览旅游目的地，进行虚拟旅行体验，这不仅为消费者提供了更多的选择，也为企业带来了新的营销渠道和客户接触点。[93] 此外，人工智能技术的应用，如智能客服和个性化推荐系统，能够根据消费者的偏好和行为模式提供定制化的旅游建议和服务，极大地提升了消费者的满意度和忠诚度。[94] 二是在旅游管理方面，科技创新，尤其是大数据和云计算技术的应用，为旅游管理者提供了更加精准和高效的管理工具。通过大数据分析，管理者可以实时监控旅游流量和消费者行为，预测市场趋势，及时调整管理策略和资源配置，提高管理效率和服务质量。[95] 同时，云计算技术的应用，使旅游数据的存储、处理和分析更加便捷和安全，为旅游管理的数字化转型提供了强有力的技术支撑。三是科技创新在旅游营销领域的应用，推动了旅游营销方式的智能化和精准化。企业可以利用大数据分析消费者行为，实现精准营销；利用社交媒体和在线平台进行品牌传播和互动营销，提高品牌知名度和市场影响力。此外，区块链技术的应用为旅游营销提供了新的解决方案，如通过区块链技术确保旅游产品的真伪和质量，提高消费者的信任度。[96] 科技创新与文旅业的紧密结合，不仅提升了文旅业的生产力水平和产品质量，而且将重塑该行业的未来。科技创新为文旅业提供了新的发展模式和商业机会，推动了文旅业的转型升级，为实现社会主义现代化强国的目标提供了坚实的物质技术基础。

二、创新要素配置

创新生产要素配置是推动文旅深度融合发展的关键因素，涉及资本、技术、信息、管理以及人才等多个方面的整合与优化。通过这种方式，可以优化旅游服务供给，实现不同要素之间的协同作用和优势互补，从而提升文旅业的整体生产力水平。一是生产者的角色与创新，生产者在文旅新质生产力中扮演着至关重要的角色。他们需要利用现代科技手段，如大数据、云计算、物联网等，加强对旅游市场趋势的监测和分析。这不仅可以实现精准营销和个性化服务，还可以科学布局，推进文旅业的转型升级。生产者需要重视对文化内涵的挖掘和创新表达，创造高质量的文化旅游产品，可以结合地方戏剧、民间艺术等传统文化元素，将其融入旅游活动中，为游客带来独特的体验和参与感。二是劳动对象的转型，劳动对象，即文旅资源，是文旅新质生产力的另一关键要素。随着新质生产力的引入，劳动对象正在经历一场转型。通过创新生产要素配置，文旅资源在不同地区的分布量及特色得到了更合理的规划和利用。景区、景点、文化遗址等文化旅游项目的位置和规模被精心设计，以提高要素配置效率，最大程度地发挥资源优势。三是劳动工具的现代化，劳动工具的现代化是文旅新质生产力创新的显著特征。先进技术的应用，如虚拟现实技术，为游客打造了沉浸式的旅游体验。同时，智能化的导游系统等创新业态的开发，不仅提升了旅游服务的质量和效率，也满足了游客的个性化需求。这些现代化的劳动工具不仅改变了旅游服务的提供方式，也极大地丰富了游客的旅游体验。同时，人才是文旅新质生产力中最为活跃和关键的要素。提升人才培养和管理水平，通过打造专业、高效的服务团队，可以进一步提高旅游服务供给的质量。这要求文旅企业加强对员工的培训和发展，提高他们的专业技能和服务意识，以满足市场和消费者的需求。另外，文旅深度融合发展还需要鼓励多方合作和跨界融合。通过创新思路和科学布局，促进文化、旅游、科技等领域的交流与合作，可以进一步提升文旅产业的创新能力和竞争力。这不仅有助于资源的优化配置，还能激发新的创意和商业模式，推动文旅产业的持续发展和繁荣。

三、践行绿色发展理念

在当前全球面临严峻的生态环境挑战的背景下，践行绿色发展理念显得尤为重要。绿色发展不仅是一种理念，更是一种行动指南，是在推动文旅深度融合发展的过程中，实现经济效益与生态效益的双赢。首先，可以利用新科技手段加强绿色文旅的宣传教育。通过建立绿色旅游信息平台，提供环保旅游景点、低碳交通工具、环保住宿和餐饮等信息，引导游客选择更加环保友好的旅游方式。这种平台可以利用大数据和人工智能技术，为游客提供个性化的绿色旅游推荐，同时通过社交媒体等渠道加强宣传，提高公众的环保意识。其次，新科技在环境监测和管理方面的应用，对于保护生态环境、确保资源的可持续利用具有重要意义。例如，利用遥感技术、物联网技术对景区的生态环境进行实时监测，及时发现并处理环境问题。此外，通过大数据分析，可以更准确地评估旅游活动对环境的影响，为制定科学的环保政策提供依据。再次，新科技可以创造一个更加绿色环保旅游环境。例如，利用清洁能源技术为景区提供能源，减少碳排放；利用新材料技术建设环保的旅游设施，降低对环境的破坏；利用虚拟现实技术为游客提供沉浸式的旅游体验，减少对实地旅游资源的依赖。另外，除了在规划和开发文旅项目时，需要遵循生态优先的原则，保护和修复生态系统，减少对自然环境的破坏；在项目选址和设计阶段充分考虑生态环境的保护，还需要在经营管理过程中加强对自然生态环境的监测，确保环境的质量和健康。同时，鼓励文旅企业采取节能减排、垃圾分类等绿色措施，提高资源利用效率，降低对环境的影响。这不仅有助于提升企业的社会责任形象，也有助于提高游客的满意度和忠诚度。另外，加强对文化遗产和自然景区的保护，确保其可持续发展。这需要在开发过程中充分考虑文化遗产和自然景区的保护需求，避免过度商业化和人工化。此外，还可以利用新科技在项目实施前进行科学、全面的环境影响评估，防止开发、建设过程中对环境的损害，确保对环境的影响降到最低。最后，维护生态平衡是文旅新质生产力践行绿色发展理念的重要内容。需要在旅游活动的各个环节中，注重生态保护和生态修复，推进文旅深度融合的绿色可持续发展，实现社会经济繁荣与生态环境和谐共生。

第三节　文旅新质生产力发展面临的困境

一、生产资料限制

在旅游业的发展过程中，生产资料的获取和利用面临着诸多限制。这些限制不仅影响了旅游业的健康发展，也制约了文旅新质生产力的形成和发展。一是旅游用地的限制，旅游项目的实施往往需要相应的土地资源作为基础。尽管各地在旅游用地方面进行了积极探索和创新，但由于旅游项目多为小规模投资，且对地方财政的贡献不如工业项目那样迅速显著，导致旅游用地难以获得与工业用地同等的支持。这不仅限制了旅游项目的发展空间，也影响了旅游业对地方经济的贡献。因此，如何使更多的旅游用地成为满足人民美好生活需要的重要基础，如何推动农村低效用地的高效利用，以及如何促进城市闲置存量资产的更新利用，成为旅游业新质生产力发展的重要方向。二是旅游资源的开发利用限制，旅游业的发展需要丰富的自然资源和人文资源作为支撑。然而，当前资源的开放力度还无法满足社会经济发展新阶段对生态产品价值实现机制、治理体系和治理能力现代化方面的新要求。数字化、智能化、网络化的快速发展，对旅游资源的开放模式、价值实现机制、新资源发现机制和新资源生成模式提出了新的挑战。这要求研究者深入探索全新的资源开放模式，以适应新一轮科技革命和产业变革的趋势[97]。三是优秀传统文化资源的开发限制，在旅游业的发展过程中，如何有效地保护、传承和创造性转化优秀传统文化，面临着诸多困难和挑战。习近平总书记指出，保护生态和发展生态旅游相得益彰，这条路要扎实走下去。党中央也对全面提升文物保护利用和文化遗产保护传承水平提出了明确的工作要求。这也意味着在旅游业的发展中，不仅要投入大量资源推动优秀传统文化的创造性转化，还要加快数字艺术创意、数字文化的发展，推动社会主义先进文化建设。[98] 数字化和绿色化是新一轮科技革命和产业变革的两个重要趋势，为加快形成新质生产力提供了重要赛道。然而，在旅游业的发展中，如何充分利用数字化技术，提高旅游资源的开放度和利用效率，如何在旅游业的发展中践行绿色发展理念，实现生态保护和可持续发展，仍然是需要深入思考和解决的问题。

二、资金支持有限

当前旅游业新质生产力在资金支持方面面临着一些困境，这些困境限制了其发展速度和质量。首先，旅游业被认为是一个需求引领且快速迭代的行业，这就需要所谓的“聪明资金”，即那些具有智慧和洞察力的投资者，他们能够准确把握行业发展趋势，进行前沿投资和精准投资。这些投资者能够开拓新技术、新业态、新场景，从而避免行业内的一窝蜂式投资和粗制滥造，减少重复建设和低效投资的现象。其次，由于旅游投资通常具有较长的投资周期和较慢的回报速度，这就要求投资者具备长期扎根于旅游行业的耐心，以及坚持穿越周期和具备工匠精神的“长期投资”，要致力深化旅游行业的内涵、提升旅游产业的质量，而不是追求短期利益。最后，旅游业不仅具有产业属性，还具有事业属性，这就需要“战略投资”的投入。旅游新质生产力作为实现国家战略的重要支撑，既要服务于经济的高质量发展、满足人民群众对美好生活的需求，还要服务于文化软实力的提升和生态文明建设。[99] 因此，要积极引入和拓展战略资金，如充分利用旅游业政府引导基金，投向旅游业新质生产力的薄弱环节与重点领域，显得尤为重要。然而，旅游新质生产力在获取这些资金方面存在一定的难度。一方面，由于旅游业的专用性较强，通用型新质生产力的溢出效应可能并不明显，这就需要行业内部进行更多的自我创新和资金积累；另一方面，由于旅游业的长期投资回报特性，可能难以吸引那些追求短期利益的资本投入。此外，旅游业新质生产力的发展还需要政策层面的支持和引导。在这一过程中，还需加强对旅游新质生产力发展资金使用的监管和管理，确保资金的有效利用，防止资金的浪费和滥用。通过建立健全的资金使用监管体系，可以提高资金使用的透明度和效率，促进旅游新质生产力的健康和可持续发展。

三、生产关系问题

在旅游业这一特定领域，新质生产力的培育与发展同样离不开新质生产关系的形成与优化。首先，处理好公有制经济与市场经济的关系是旅游业新质生产力发展的关键。在以公有制为主体、多种所有制经济共同发展的经济制度下，旅游业能够发挥不同经济主体的优势。公有资本通常掌握着核心旅游资源，擅长对旅游资源的开发和旅游基础设施的建设。非公资本则更专注于旅游经济的上下游供应链，展现出更高的市场化程度。[100]旅游业新质生产力的增长需要规模化、组织化、内驱性的行业创新，而非公资本在这一过程中的创新活动表现得更为活跃。以专利创新为例，民营旅游企业在专利拥有量上占据多数，这表明非公资本在推动行业创新方面发挥了重要作用。其次，处理好新质生产力与文化资源的关系对于旅游业新质生产力的提升同样至关重要。旅游业新质生产力不仅包括生产工具和生产资料，还涵盖了为消费者提供愉悦体验的能力，代表着旅游经济系统中高附加值、高效率、高质量的环节。旅游业文化资源则体现在旅游经济循环中实现文化传承、生产、更新、服务和影响的能力及其过程。旅游文化资源不仅依赖新质生产力的规模和层次，还能够促进新质生产力的进一步发展。例如，西安的大唐不夜城、重庆洪崖洞等，通过其文化 IP 和全球影响力，吸引了全球游客，维持了高客单价，成为其优质生产力的重要体现。在旅游业新质生产力的培育与发展过程中，需要以文旅深度融合为原则，以提升文化软实力为目标，以文化凝聚力、文化创新力、文化辐射力建设为抓手。这不仅能够促进旅游业新质生产力的提升，还能够推动旅游业的可持续发展。

四、人力资本问题

长期以来，旅游业因其劳动密集型的特性而著称，并在促进社会就业，特别是为弱势群体提供就业机会方面发挥了重要作用。[101] 然而，科技进步可能带来的劳动力挤出效应，引发了对旅游业就业吸纳能力，尤其是对弱势劳动人群的担忧。如何平衡科技替代效应与科技创新带来的劳动力需求增长，是当前旅游业发展中亟须关注的问题。一方面，科技的发展可以提高生产效率，创造新的就业机会；另一方面，自动化和智能化可能替代某些传统的旅游工作岗位。随着全球经济形势的不断严峻，旅游从业人员，特别是高素质人才的流失，对旅游业的人才生态造成了严重影响。旅游业如何在短时间内恢复并形成新的人才培育机制，成为行业发展的关键问题。同时，高质量的人力资本供给与高等教育系统中的旅游专业教育紧密相关。旅游教育体制在应对人力资本需求变化方面的应急响应能力较弱。高等教育机构的旅游专业教育尚未能充分适应行业发展的变化和实践需求，也未能有效培养学生的抗压性、职业能力和规则意识。此外，旅游专业毕业生的行业就业率偏低，这不仅影响了毕业生的职业生涯，也对高等教育中旅游教育的可持续性构成了挑战。[102] 此外，提升人力资本质量的另一途径是通过产业界与学术界的良性互动和有效沟通。然而，目前学术界和产业界之间的交流并不顺畅，缺乏常态化沟通机制，导致双方在人才培养和知识更新方面存在脱节。建立学术界与产业界之间的“旋转门”模式，促进双方的平视交流和双向奔赴，对于提升人力资本质量至关重要。另外，在经济全球化背景下，旅游业人力资本的国际化视野也显得尤为重要。旅游业需要具备国际视野的人才，以适应国际旅游市场的需求和挑战。然而，当前的旅游教育可能过于侧重本国文化和市场，而忽视了国际旅游市场的多样性和复杂性。在面对科技替代和全球经济低迷带来的挑战时，旅游业需要在人才培养、教育改革、产业与学术互动等方面进行深入思考和积极应对。

第四节　文旅新质生产力发展的实践路径

一、完善政策引导

政策引导的完善不仅能够为文旅融合提供明确的发展方向，还能为相关实践提供必要的支持和保障。[103] 其中，顶层设计在文旅融合中扮演着至关重要的角色。通过强化顶层设计，可以构建起统一的规划和指导体系，确保政策措施得到有效实施，为文旅深度融合发展提供坚实的基础。这种设计有助于整合资源，形成协同效应，推动文旅产业的整体发展。另外，改革管理体制是完善政策引导的第一步。建立电子化在线审批平台，实现申请材料的在线提交和审批进度的实时跟踪，不仅简化了行政审批流程，还提高了办理的效率和透明度。此外，建立健全的文旅项目评估和监督机制，鼓励文旅项目向社会公开信息，包括项目的规划、资金投入和经营情况等，有助于提高项目的透明度和公信力。同时，建立信息反馈和投诉渠道，接受公众和相关利益方的监督和投诉，有助于进一步促进项目的合规性和实用性。政府还应制定一系列支持性政策，以支持文旅深度融合发展。这包括税收优惠、融资支持、研究与开发资助等措施，特别是鼓励数字化转型和技术创新的政策。对于那些积极采用新技术、新业态、新模式推动文旅深度融合发展的企业，政府应给予政策上的支持，降低企业转型升级的门槛和风险。此外，政策应引导行业向智慧旅游、个性化定制旅游等方向转型，增强文旅产品的吸引力和市场竞争力。此外，优化市场环境是文旅新质生产力实践路径中不可或缺的一环。应打破行政和地域壁垒，促进资源共享和文旅深度融合，支持跨地区、跨行业的合作模式，通过优化供应链管理，加强产业链各环节的相互配合和协同效应。此外，政府应制定文旅产品和服务的标准规范，提高行业标准和服务质量，有助于实现文旅业深度融合的长期健康可持续发展。

二、培养新型专业人才

在文旅深度融合发展的大背景下，培养适应新时代要求的新型专业人才显得尤为重要。这一发展阶段对人才的要求并不局限于传统的旅游服务技能，更强调人才的创新能力、专业素养以及对文化旅游深度融合的理解和实践。高质量的专业人才是推动文旅新质生产力发展的关键，他们需要具备跨学科的知识背景和综合素质，能够将文化和历史的深厚底蕴与创新旅游管理方式和市场推广的实践技能相结合。这些专业人才应当具备良好的沟通能力，能够在国际舞台上自如交流，理解并应对不同文化背景下的需求和挑战。他们应当具有广阔的国际视野，能够在全球化的背景下把握文旅产业的发展趋势，引领文旅产品和服务的创新。为了满足文旅深度融合发展对人才的需求，必须构建与之相适应的人才培养体系。教育和培训机构应开展与文旅产业紧密相关的专业课程，增设人工智能、数据分析、数字媒体、虚拟现实等前沿技术模块，并结合实际工作环境开展实训、实习等活动，使学生能够在实践中学习和成长。同时，鼓励文旅企业与高等教育机构、研究机构建立紧密的合作关系，共同制定行业人才培养计划和标准。通过企业的实际需求引领教育培训的方向，从而提升人才培养的质量和针对性。为了吸引和留住文旅产业的高技能人才，政府可以建立一整套人才激励机制。通过提供税收优惠、简化职称评定程序、提供项目资助等方式，为高技能人才提供更加优越的发展环境和条件。企业也应制定完善的薪酬体系和职业晋升通道，为人才提供更具吸引力的待遇和职业发展机会。除了对新一代人才的培养，还应鼓励在职人员不断提升自己的技能水平。通过职业培训中心、在线教育平台等提供文旅特色职业技能培训课程，为在职人员提供继续教育和职业发展的机会。

三、促进产业整合

在当前文旅融合深度发展的背景下，促进产业整合成为推动新质生产力发展的关键实践路径。构建跨界融合发展的新模式，不仅能够激发产业活力，还能为消费者提供更加丰富多元的旅游体验。[104] 促进产业融合的首要任务是构建一个文旅深度融合的智慧平台。该平台能够利用先进的信息技术和数字化手段，为文旅业提供一个集成的数字化环境，实现不同领域间的协同互动。通过整合文旅领域的数据和资源，智慧平台能够链接各环节资源，打破信息孤岛，促进资源的高效配置。智慧平台的建设将扶持“旅游 + 文化”“旅游 + 体育”“旅游 + 教育”等跨界融合发展的新模式。这些模式通过孵化具有文化内涵、科技含量高的特色旅游产品，丰富了旅游市场供给，满足了消费者多样化的旅游需求。全景式的信息展示和交流平台的建立，便于各个参与者之间的沟通和合作，并推动产业的集约化和规模化发展。此外，科技创新在文旅业的转型升级中发挥着引领作用。云计算、大数据、物联网、人工智能等先进技术的应用，实现了对旅游资源的智能整合和智慧化管理。大数据分析能够揭示游客行为模式，实现精准营销；物联网技术则可以对景区游客流量进行实时监控，提供实时可靠的数据分析和预测功能，帮助产业相关方更好地了解市场需求和行业趋势。同时，结合移动互联网、位置服务、增强现实和虚拟现实等技术，可以开发智慧导览、在线预订、VR 旅游等新型旅游产品。这些产品的开发不仅提升了游客的体验，也促进了传统旅游业态向智慧旅游的转型。在这一过程中，数据安全和隐私保护的重要性不容忽视，确保用户信息得到妥善管理和使用是维护智慧旅游可持续发展的前提。地方政府在推进文旅深度融合发展的智慧平台建设中扮演着重要角色，可以通过设立专项资金、推出创投基金等方式，为智慧平台的建设提供资金支持。此外，地方政府还可以建立文旅数据共享平台，提供相关数据支持，为智慧平台的建设和运营提供数据基础。鼓励企业和机构将相关数据纳入共享平台，增加数据的丰富度和广度，加快文旅深度融合发展。

四、统筹文旅渠道

统筹文旅渠道作为实现文旅深度融合的关键策略，对促进文化交流和旅游发展具有重要意义。首先，整合对外及对港澳台的文化和旅游交流工作力量是实现文旅深度融合的前提。通过打破地域限制，促进不同地区之间的协作和交流，可以为文化和旅游的融合提供更广阔的空间。此外，为海外文化和旅游工作机构提供更多的支持和资源，有助于强化其在文化和旅游交流方面的专长和优势，从而提高文化推广和旅游宣传的影响力和效果。其次，加强国际交流平台的建设对于统筹文旅渠道至关重要。利用各类文化和旅游双边、多边交流机制，如国际文化交流项目、旅游交流合作协议、文化和旅游展览会等，可以加强不同国家、地区之间的文化和旅游合作。这些交流机制不仅促进了文化资源、旅游商品和服务的互联互通，也为文旅深度融合提供了实践平台和合作机会，在服务国家高水平对外开放、便利中外人员往来、促进国际交流合作方面发挥了重要作用，如某旅游平台数据显示，2024 年二季度，享受 72 或 144 小时过境免签政策的 54 个国家的境外游客，入境中国旅游订单环比一季度增长 28%。此外，推动文化旅游线路和项目的设计是统筹文旅渠道的重要手段。结合入境游客的需求和兴趣，有针对性地设计文化旅游线路和项目，可以提供具有吸引力和独特性的旅游产品。通过深入了解当地市场，根据不同地区的文化、历史特点和旅游资源，设计创新的旅游路线和体验项目，可以更好地满足游客的个性化需求，提升旅游体验的质量。

第八章　乡村振兴与文旅融合的实证研究

第一节　乡村振兴与文旅融合的耦合关系

一、耦合机理分析

在当前乡村发展的大背景下，文旅融合与乡村振兴的耦合协调发展尤为重要。这种耦合协调发展不仅能够促进乡村经济的多元化发展，还有助于实现乡村社会全面进步。耦合协调发展的动力主要来源于两个方面：一是政府的外在帮助；二是乡村的内在需求。外在帮助主要是指政府通过政策支持、资金投入等方式，帮助乡村解决因资源限制而难以实现全面振兴的问题；内在需求则是指乡村地区根据自身条件，通过自发的资源配置来实现效率最大化。在文旅融合与乡村振兴的耦合协调发展过程中，两者的关系并非始终同步。在某些时间节点上，两者的发展可能会出现错位，导致协同作用无法最大化。因此，将文旅融合与乡村振兴进行分阶段耦合，是实现二者协调发展的有效途径。在耦合的初级阶段，乡村振兴的发展程度对文旅融合与乡村振兴的耦合协调发展存在一定的“门槛”效应。[105]当乡村振兴的某些方面落后时，乡村自身的发展能力有限，需要引入外在帮助来推动耦合发展。随着文旅融合模式的不断探索和乡村振兴的全面推进，文旅融合与乡村振兴的耦合协调发展进入了更深层次的阶段。在这一阶段，文旅融合与乡村振兴的内在需求机制的作用效果逐渐增强。突破门槛效应后，内在需求的作用机理将有效避免外在帮助机制可能带来的问题，文旅融合对乡村振兴的带动作用也将更加明显。市场机制的引入，使乡村作为文旅融合的主体提供者，能够避免因处于非正式社会关系网络边缘而产生的过度竞争和对个人利益最大化的过度追求。乡村地区通过增强主动性，改变在市场机制中的边缘化地位，使文旅融合与乡村振兴的耦合机理更加依赖内在需求的驱动。

耦合机理的分析表明，文旅融合与乡村振兴的耦合协调发展是一个动态的、多层次的过程。在这一过程中，政府的外在帮助和乡村的内在需求相互促进、相互影响。政府的外在帮助为乡村提供了必要的支持和资源，乡村的内在需求则激发了乡村的发展潜力和创新动力。随着耦合关系的不断深化，文旅融合与乡村振兴的互动将更加紧密，两者的协调发展也将更加富有成效。在耦合机理的推动下，文旅融合与乡村振兴的协调发展呈现出动态的演化过程。从初级阶段的门槛效应到深层次阶段的内在需求驱动，文旅融合与乡村振兴的耦合关系不断优化，逐步形成了一种相互促进、共同发展的良性循环。这种耦合关系的发展不仅促进了乡村经济的多元化，也为乡村文化的传承与创新提供了新的平台和机遇。此外，耦合机理的分析还需要关注乡村地区在文旅融合发展中的主体地位。乡村地区应充分利用自身的资源和优势，通过创新和转型，提升在文旅融合中的竞争力和吸引力。同时，政府和社会各界也应加大对乡村地区文旅融合发展的支持力度，通过政策引导、资金投入和人才培养等手段，促进乡村地区文旅融合的可持续发展。在文旅融合与乡村振兴的耦合协调发展中，内在需求的作用日益凸显。乡村地区通过自发的资源配置和市场机制的引入，逐步改变了在市场机制中的边缘化地位，增强了主动性和自主性。这种内在需求的驱动，不仅有助于避免外在帮助机制可能带来的问题，也为文旅融合与乡村振兴的耦合协调发展提供了更为坚实的基础。

二、耦合制约因素分析

在深入分析乡村振兴与文旅融合的耦合关系时，劳动力要素配置的合理性是一个不可忽视的关键因素。劳动力作为推动文旅融合发展的核心资源，其配置的合理与否直接关系到文旅融合在乡村地区的全面发展。然而，当前乡村地区普遍面临劳动力配置不合理的问题，这在一定程度上阻碍了文旅融合的深入推广和实施。在文旅融合发展模式的构建与完善过程中，延长产业链是实现文旅融合与乡村振兴有效衔接的重要途径。文旅融合为乡村振兴战略注入了“造血式”发展动力，但各乡村发展不均衡的现象仍然存在，这在一定程度上制约了文旅融合的全面推广。乡村发展不均衡主要体现在劳动力要素配置的不合理性，这对于文旅融合而言，无疑增加了其在乡村地区推广的难度。

除了劳动力要素配置问题，文旅融合在乡村地区的发展还面临着“门槛”效应的制约。文旅融合的发展模式往往需要依托于绿色环境和多层次循环发展系统，通过环境修复、文化再生等手段，打造具有独特性的旅游、文化、养生产业。然而，这种模式存在一定的“门槛”，即对当地绿色资源和文化资源的自然禀赋要求较高。对于那些缺乏这些资源或难以达到“生态宜居”标准的乡镇来说，发展复制这样的模式显得尤为困难。此外，在没有社会力量介入的情况下，当地群众很难深度挖掘和产业化包装这些自然禀赋资源，这就需要政府和社会力量的持续性引进和支持。[106]

进一步来说，二元经济结构也是制约文旅融合与乡村振兴耦合发展的重要因素。当前我国经济发展正处于“三期叠加”的特殊阶段，受到国内外众多因素的影响，经济发展面临诸多不确定性。二元经济结构，即现代化工业与传统农业并存的经济形态，在我国不断固化，形成了难以逆转的“两级产业结构”。这种结构的存在，不仅加剧了“三农”问题的复杂性，也限制了文旅融合从城市向乡村地区的延伸发展。如果无法有效破除二元结构，农村地区将难以依靠自身力量摆脱发展落后的状态，乡村振兴战略的实施也将面临重大挑战。[107]在探讨乡村振兴与文旅融合的耦合关系时，必须通过科学的规划和管理，优化劳动力配置，降低发展“门槛”，打破二元经济结构的束缚，才能有效促进文旅融合与乡村振兴的耦合协调发展。这不仅需要政府的引导和支持，也需要社会各界的广泛参与和共同努力。

三、乡村振兴与文旅融合耦合的实证研究

在国家战略的引领下，文旅融合与乡村文化振兴的耦合协调发展已成为实现乡村振兴的关键路径，接下来将深入探讨乡村旅游与乡村文化振兴的耦合协调机制及其影响因素。在《乡村旅游与乡村文化振兴耦合协调发展分析》一文中，程明会和林秀治采用层次分析法构建了评价指标体系，并通过线性加权法对全国各省市的乡村旅游与乡村文化振兴进行了综合评价。[108]研究发现，尽管乡村旅游在带动地方经济发展方面发挥了积极作用，但两大系统的耦合度与耦合协调度普遍较低，表明尚未形成有效的良性共振耦合发展模式。研究指出，乡村旅游收入、风景名胜区数量和A级景区数量是推动乡村旅游发展的关键指标。农村居民人均可支配收入、森林覆盖率、乡村人口数和博物馆机构数等数据则对乡村文化振兴具有重要影响。这些指标的权重分析为政策制定者提供了明确的发展重点和方向。朱海艳以陕北地区为研究对象，通过耦合协调模型考察了文化旅游与乡村振兴的耦合关系和发展水平，发现陕北地区的耦合关系一直处于成熟时期，强调了文化旅游与乡村振兴综合发展水平对耦合协调度的决定性作用。[109]李为等以湖南省为例，通过耦合协调模型评估了乡村旅游与乡村振兴之间的动态演变过程。研究结果揭示了两者之间关系的演变趋势，并指出了影响耦合协调度的关键因素，为提高耦合协调度提供了策略建议。[110]马啸东和马长发基于新疆乌鲁木齐县的面板数据，构建了指标体系和系统综合评价模型，测算了乡村旅游与乡村振兴的耦合度与协调发展度。[111]研究结果显示，乌鲁木齐县在乡村旅游与乡村振兴方面表现出良好的协调性，

但也指出了需要进一步优化的方面。张妍等从文化产业和旅游产业融合的角度出发，构建了耦合协调度评价指标体系，对丹凤县的文化产业与旅游产业耦合协调发展情况进行了评价。[112] 研究结果表明，尽管两大产业的耦合协调度有所提升，但仍处于轻度失调状态，需要从多个层面提出改进建议。关景灵深入探讨了贺州文化旅游在乡村振兴战略中的作用，分析了贺州文化旅游面临的现实问题，并提出了创新旅游产品、经营管理模式和资源开发与文化保护协同等对策，以提高乡村文化旅游产业的发展水平。[113] 李文杰和楼一蕾聚焦浙江临安的茶文化旅游，分析了茶文化旅游的发展瓶颈，并提出了产业优化升级、品牌营销、科技赋能等提升路径，为茶文化旅游的发展提供了实践模式和策略建议。[114] 周双双以渝南黔北地区为例，探讨了乡村文化旅游与乡村振兴的耦合发展，强调了文化资源禀赋、政策支撑和利益主体需求在推动耦合发展中的重要性，并提出了文化挖掘与建构、政府先行与施力、社会行动与赋能等战略路径。[115]

乡村旅游与乡村文化振兴的耦合协调发展是一个多维度、多层次的复杂系统工程。它不仅需要科学的规划和合理的资源配置，还需要政府、企业和社会各界的共同努力。未来的研究应进一步关注乡村旅游与乡村振兴耦合协调发展中的新问题、新趋势，为推动乡村振兴提供更多的智慧和方案。同时，应加强政策支持，优化发展环境，激发市场活力，促进产业融合，以实现乡村经济社会的全面发展和可持续发展。

第二节　乡村旅游地发展与乡村振兴

一、乡村旅游地生计转型

（一）概述

乡村旅游地的生计转型是乡村振兴和共同富裕战略中的关键一环，它涉及乡村地区经济、社会、文化等多方面的深刻变革。在中国，随着旅游产业的兴起，许多传统农业乡村通过发展乡村旅游业实现了向乡村旅游地的转型，这一转变不仅为当地居民带来了新的经济机会，也促进了乡村社会的整体进步。[116] 然而，这一转型过程并非一帆风顺，一些乡村在旅游发展中遭遇了生计转型的难题，如“转不动”“转不顺”“转不成”等问题，这些问题的存在导致乡村旅游地的可持续发展面临挑战。[117] 首先，乡村旅游地生计转型的复杂性主要体现在人地关系系统的适应性调适上。乡村地区的居民在旅游发展的影响下，需要调整自己的生产方式、生活方式和价值观念，以适应新的社会经济环境。这一过程中，人地关系实践的复杂性尤为突出。乡村居民不仅要面对旅游发展带来的机遇，还要应对由此引发的一系列挑战，如土地利用变化、生态环境压力、文化冲突等。其次，乡村旅游地作为一种特殊的社会空间，其生计转型过程涉及人与环境的多元异质能动性。这里的环境包括自然资源、文化遗产、社会制度等，它们与人类行动者一起构成了乡村旅游地的社会空间。在这个空间中，人类行动者与非人元素相互作用，共同推动着生计转型的进程。再次，乡村旅游地的生计转型是一个动态的、不断生成与演化的过程。这一过程不仅受到内部因素的影响，还与外部环境的变化密切相关。随着时间的推移，乡村旅游地的生计系统会不断地调整和优化，以适应不断变化的社会经济条件。传统的生计转型研究往往侧重于内部性互相依赖的稳态关系，而忽视了生计转型过程中的“后关系”特征。为了更深入地理解乡村旅游地生计转型的复杂性，一些学者从后结构主义的理论视角出发对此进行探究。后结构主义理论强调“异质生成空间”和“后关系”的概念，为研究者提供了一种新的分析框架，以探讨生计转型的社会—物质性过程。在后结构主义视角下，乡村旅游地被视为一个异质生成空间，这个空间中存在着多种力量和因素的交织与互动。这些力量和因素包括经济资本、文化传统、社会结构、自然环境等，它们共同塑造了乡村旅游地的生计转型路径。各种关系并非固定不变，而是在不断地构建和重构中发展。这种视角有助于研究者理解乡村旅游地生计转型中的非线性特征，以及转型过程中可能出现的各种不确定性和复杂性。

（二）概念界定与特征

1. 概念

乡村旅游地生计转型是一个复杂而多维的概念，它不仅关系到乡村地区的经济发展，更涉及社会结构、文化传承和生态环境等多个层面。乡村旅游地是一个具有双重复杂性特征的场域与空间，它既承载着乡村社会的传统文化和生活方式，又融入了现代旅游活动的元素。乡村旅游地空间包括了社会存在性空间与社会意识性空间，具体涵盖了乡村生活与生产空间、精神空间、公共空间和旅游社会空间等多重维度。“生计”一词在学术领域中通常被理解为一种涉及资本、能力和活动等关键要素的谋生方式。[118]在乡村旅游地的背景下，生计的概念被进一步拓展和深化。乡村旅游地生计不仅仅是一种谋生手段，更是一种与乡村旅游发展紧密相关的生活方式和空间结构形态。[119]这种生计方式体现了一种相对确定性与稳态结构的社会空间观。然而，随着 21 世纪后结构主义“拼装论”的兴起，传统的稳态社会空间观开始受到挑战。拼装论强调了社会空间的物质性和关系性，认为社会空间是由人与非人等多元社会物质性异质元素在能动性的影响下共同生成的临时性结构。在这一理论框架下，乡村旅游地生计转型不再被视为一种静态的、单一的过程，而是一个动态的、多元的拼装过程。受到拼装论思潮的启发，学者们提出了乡村社会—物质拼装的概念和理论框架，为乡村旅游地生计拼装概念的提出和内涵的界定提供了重要的学理基础。乡村旅游地生计拼装具有物质性、关系性、能动性和领域化等多元特征。这种生计拼装体不仅包含人的主体性元素，还涉及非人的主体性元素。在生计拼装过程中，人与非人的多元异质元素在社会力量的驱动下，通过能动地相互关联和共同影响，生成了具有临时性的“领域化”生计拼装体。值得注意的是，生计拼装体的领域化动态生成不仅依赖于乡村政策、制度、话语等宏观结构性元素的能动性力量，也取决于众多触及乡村微观社区以及居民内生性日常物资的能动性。这意味着，研究者在研究乡村旅游地生计转型时，不能仅仅关注宏观层面的政策和制度，还应深入乡村社区和居民的日常生活实践中，探索微观层面的能动性和创造性。从拼装的视角出发，可以发现传统的研究往往忽略了社区或居民生计资本、制度、话语等元素的物质性、能动性以及动态领域性。这些元素并非静态和非活性的，而是能够主动地组织和构建生计网络，通过能动性元素的流动和外在联系，推动乡村旅游地生计转型的动态实现。综合上述讨论，可以借鉴“属 + 种差”的概念定义范式，科学系统地界定“乡村旅游地生计拼装”的核心概念。其中，“属”指的是一种过程性的社会空间形式，“种差”则体现为生计拼装的欲望性、关系性、动态性等特征。因此，“乡村旅游地生计”可以被定义为在乡村旅游地的历史演进与发展中，受到积极性“欲望”的驱动，乡村的“人”与环境多元异质元素通过内外部交互性关联与共同作用，发生生计空间领域化的展演逻辑与拼装进程，最终生成具有福祉性和动态影响关系的一种临时性乡村社会空间。

2. 特征

乡村旅游地生计转型是一个复杂的过程，涉及多种因素的交织和互动。在拼装视角下，这一过程展现出独有的特征。

一是多元异质性。这一特征表明，在生计转型的过程中，不仅有人的参与，还有环境的元素，如物质资源、文化遗产、自然环境等。这些元素共同构成了乡村旅游地生计系统的多样性。重要的是，需要从“物—人”关系的广义对称性思维出发，认识到环境和资源要素在生计转型社会网络中的重要地位，它们不仅是可利用的环境要素，也决定着人能够进行怎样的转型。二是物质能动性。这一过程不仅会随着时间的推移而涌现出多元异质的主体，而且这些主体元素本身具有能动性。这种能动性可以分为“人”的能动性和“物”的能动性。人的能动性体现在对生计转型的自主决策和转型过程中的创新性，而物的能动性主要体现为其对人的关联影响。三是欲望性。欲望性是乡村旅游地生计转型中一种内隐性、非理性因素。它作为一种原始动力，推动着生计转型的持续发展。欲望可以被视为一种内在的驱动力，激发着人与环境异质元素的能动性，欲望在转型的过程中不断“成长”，使他们在生计转型的过程中不断循环运转。[120] 四是领域生成。在这一过程中，人、活动、环境等元素通过外部联系与交互作用，转型主体人的职业角色发生改变，从原有身份“解码”，再到新身份的“编码”，从原有的行业领域跨进新的行业领域，即领域生成。领域生成体现了生计转型的空间性和动态性，它不仅仅是物理空间的变化，更是社会关系和社会结构变化的反映。五是动态性。乡村旅游地生计转型的动态性体现在多个层面。从时间维度看，生计转型是一个持续演变的过程，随着社会经济条件的变化而不断调整和发展。从空间维度看，生计转型涉及乡村旅游地的各个角落，从宏观的区域发展到微观的社区生活，都可能成为生计转型的舞台。

在乡村旅游地生计转型的社会网络中，各种行动主体无论是人还是环境都扮演着重要的角色。人的行动主体性体现在他们对生计转型的主动参与和决策上，环境的行动主体性则体现在它们对生计转型过程的影响和制约方面。例如，自然资源的丰富与否可能直接影响到乡村旅游地的经济发展模式，文化遗产的保护和传承则可能影响到乡村旅游地的文化底蕴和吸引力。同时，乡村旅游地生计转型与社会结构紧密相关。社会结构包括了社会阶层、社会关系和社会制度等多个方面，它们共同构成了生计转型的社会背景。生计转型不仅受到社会结构的影响，也对社会结构产生影响。例如，社会制度的变革可能为生计转型提供新的机遇，社会关系的变动则可能影响到生计转型的路径和方式。此外，文化因素在乡村旅游地生计转型中扮演着至关重要的角色。文化不仅是一种资源，更是一种资本，它可以为乡村旅游地带来独特的竞争优势。

二、乡村旅游与乡村振兴的衔接机理

（一）乡村旅游与乡村振兴的耦合关系

乡村振兴战略为乡村旅游发展提供了坚实的物质基础。与传统的风景名胜区相比，我国乡村旅游在发展初期面临着诸多挑战，如融资渠道狭窄、基础设施建设滞后等。乡村振兴战略的实施，使得地方政府能够加大对乡村基础设施建设的投入，改善乡村道路、水电、通信等基础设施，提升乡村的公共服务水平，为乡村旅游的发展创造了良好的硬件环境。例如，利用乡村振兴资金，乡村得以修建更加宽敞、平整的旅游道路，改善旅游厕所等配套设施，提升游客的旅游体验，从而吸引更多游客。

乡村振兴战略还为乡村旅游发展注入了丰富的文化内涵。乡村旅游的核心吸引力之一在于其独特的乡村文化。乡村振兴战略的实施，促使各地深入挖掘乡村的传统文化资源，如民俗文化、农耕文化、乡村手工艺等，并通过创新的方式进行传承与展示。这些文化元素不仅丰富了乡村旅游的内涵，提升了乡村旅游的品质，还增强了乡村的文化自信，使乡村旅游更具吸引力和竞争力。如一些乡村将民间艺人视作传统文化“活化”载体，把“编花带”“织布”“纺纱”等手工劳动置于旅游情境中，使其成为民族文化展示元素；在手工产品销售的同时，游客更能在参观石头苗寨、城楼等物质文化的基础上享受非物质文化体验。由此创造的市场价值远高于传统农业生产的收益，继而带动居民实现生产方式转型。

此外，乡村振兴战略为乡村旅游发展提供了强大的人才支持。乡村振兴战略的实施，吸引了大量优秀人才投身乡村建设。一方面，政府选派的干部直接到乡村任职，为乡村旅游发展带来了先进的理念和管理经验；另一方面，这一战略畅通了人才下乡的渠道，吸引更多的专业人才、返乡创业人员等参与乡村旅游发展。这些人才的加入，为乡村旅游的发展提供了智力支持和创新动力，推动了乡村旅游的多元化发展。

（二）乡村旅游与乡村振兴互相影响的逻辑机理

2025年中央一号文件《中共中央 国务院关于进一步深化农村改革 扎实推进乡村全面振兴的意见》，为乡村振兴提供了新的方向和实施路径。随着中国扶贫开发及乡村振兴政策的持续推进，乡村旅游产业实现了迅猛发展，这一现象引发了学术界的广泛关注。学者纷纷聚焦旅游业、乡村旅游以及乡村振兴等课题，深入探究其内在联系与相互作用机制，取得了诸多有价值的研究成果。乡村旅游与乡村振兴之间的互动关系，已成为当前学术研究的热点与重点之一。

从产业层面来看，乡村旅游的发展为乡村振兴注入了强大动力。乡村旅游作为一种新兴的产业形态，能够有效整合乡村的自然资源、文化资源等，将其转化为经济优势，推动乡村产业结构的优化与升级。通过发展乡村旅游，乡村地区可以逐步摆脱传统农业单一产业的困境，形成多元化的产业格局，促进农村一二三产业的融合发展。发展乡村旅游可以推动乡村产业结构调整，从而带动乡村振兴，助力各县域“美丽乡村”建设与乡村全面振兴。在精神文明建设方面，乡村旅游同样发挥着重要作用。乡村旅游的开发与运营，往往伴随着对乡村传统文化的挖掘、保护与传承。在这一过程中，乡村居民的文化自觉与文化自信得到增强，认同感与归属感也不断提升。

同时，乡村旅游还为乡村居民提供了与外界交流互动的机会，拓宽了他们的视野，丰富了他们的精神文化生活。在旅游开发中嵌入本地文化、传统、身份等特色，能够充分反映本地生产生活，增强乡村审美韵味，更好地推动本地文化的挖掘、传承与传播；立足“寻觅乡愁”的理念引导农民对乡村文化、传统、身份产生归属感、认同感和价值感，使乡村旅游在丰富农民文化生活、提升农民精神面貌、促进农民全面发展等方面发挥作用，成为农民家门口的“精神家园”。从城乡融合发展的视角来看，乡村旅游是促进城乡要素流动与均衡配置的重要桥梁。乡村旅游的发展能够吸引城市居民到乡村消费，带动城市资金、技术、人才等要素向乡村流动，缩小城乡之间的差距。县域作为城乡融合发展的核心区，其乡村旅游的发展对于推动县域经济内循环、形成可持续发展的动力源具有重要意义。县域通过乡村旅游，可以将资源优势转化为经济优势，实现县域经济的高质量发展，进而为乡村振兴提供有力支撑。在经济转型升级与低碳发展的背景下，乡村旅游作为一种绿色、可持续的产业模式，符合国家经济发展的战略方向。乡村旅游的发展能够促进乡村经济的多元化发展，降低乡村经济对传统农业的依赖，提高乡村经济的抗风险能力。同时，乡村旅游还能够带动相关产业的协同发展，形成完整的产业链条，提升乡村经济的整体竞争力。

此外，乡村旅游还促进了交通、通信、水电等基础设施的改善，这些基础设施的完善又进一步吸引了外来投资，形成了良性的经济循环。从经济内循环与可持续发展的角度来看，乡村旅游的发展能够促进乡村内部的资源循环利用，提高资源的利用效率。不同地域层级的乡村旅游数字资源可通过统一开放平台进行资源共享，避免数字资源浪费和平台重复建设，降低乡村数字建设成本和平台管理成本，从而促进乡村旅游正向循环发展。农村文旅产业的兴起，吸引外出务工人员回乡创业就业，在解决自身就业的同时带动周边居民就业创业，形成良性循环。此外，乡村旅游的开发与运营需要依托乡村的自然资源、文化资源等，这些资源在开发过程中得到合理利用与保护，构建乡村内部的资源循环体系。同时，乡村旅游的发展还能够吸引外部投资与消费，促进乡村与外部市场的对接，推动乡村经济的内外循环联动。这种经济内循环的形成，有助于增强乡村经济的内生动力，实现乡村经济的可持续发展。

综上，乡村旅游与乡村振兴存在紧密的互动关系。乡村旅游的发展能够从产业升级、精神文明建设、城乡融合、经济转型与内循环发展等维度促进乡村振兴，而乡村振兴又为乡村旅游的持续发展提供了广阔空间与良好基础。两者相互促进、相辅相成，共同推动乡村地区的全面发展与进步。在未来的乡村振兴战略实施过程中，应充分发挥乡村旅游的积极作用，通过完善政策支持体系、加强基础设施建设、提升乡村旅游品质等措施，进一步促进乡村旅游与乡村振兴的深度融合，实现乡村地区的可持续发展。

第三节　乡村振兴背景下的农户旅游生计

与城市的迅猛发展相比，农村地区的发展步伐显得相对缓慢，一些地方甚至出现了发展停滞的现象，这种不平衡的发展状况引起了社会各界的广泛关注。党的十九大报告深刻认识到了这一问题，并提出了具有战略意义的乡村振兴战略。这一战略不仅是对农村发展现状的积极回应，也是推动城乡一体化发展的重要举措。报告中强调，要实现乡村振兴，关键在于激发农村地区的内生动力，促进农村社会经济的全面发展。旅游生产作为一种新兴产业模式，在农村地区逐渐兴起并展现出巨大的潜力。通过发展乡村旅游，不仅可以充分利用农村地区的自然资源和文化特色，还能为农户提供新的就业机会和收入来源。这不仅有助于改善农户的生活水平，也有助于推动农村地区的经济结构转型和可持续发展。

一、乡村振兴背景下农户旅游生计现状

在乡村振兴的大背景下，农户的旅游生计作为推动乡村经济发展、实现农民增收的重要途径，受到了广泛关注。然而，当前农户在参与乡村旅游生计的过程中仍面临着诸多挑战和问题。

首先，乡村旅游生计的经营模式主要以个体或家庭为主，这种模式在资金、人脉资源等方面存在明显的不足。农民往往依赖于亲朋好友的帮助，利用自家房屋开展饭店、旅馆或农家乐等业务，但这样的生计方式渠道有限，受制于国家政策、资金、人才、技术、管理等多重因素，个体农户的生计经营很难形成统一的整体，普遍存在规模小、设施不完善、服务水平参差不齐、效益较低等问题，市场竞争力较弱，市场前景不甚明朗。[121]其次，农民的创业能力是决定其能否成功从事乡村旅游生计的核心因素。这包括创业技巧和心理品质两个关键维度。创业技巧直接影响创业的成败，优秀的心理品质则是推动创业者持续前进的内在动力。目前，不少农民在这两个方面都存在明显的不足，亟须提升。他们比较缺乏市场营销、管理、沟通、抗压等方面的知识，人脉资源不足，社交能力和管理水平有待提高，导致乡村旅游生计的成功率降低。再次，农民在乡村旅游业的发展过程中，风险意识相对薄弱。虽然部分农民能够意识到生计中可能存在的风险，但对于如何有效防范和避免这些风险，却普遍缺乏清晰的认识和有效的应对策略。农民在旅游开发、市场营销、管理和交流等方面的专业知识和技术不足，容易出现管理不善的风险，特别是在生计的早期阶段，资金不足和风险防范意识的缺乏，很容易导致旅游生计的难以为继。最后，农民对市场变化的适应能力不足。在面对旅游市场的需求多样化和竞争加剧的情况下，农民往往缺乏灵活调整经营策略的能力。他们的服务内容和形式较为单一，难以满足游客多样化的需求，这也限制了乡村旅游生计的发展空间。

尽管存在诸多问题，但乡村旅游在乡村振兴战略下仍具有巨大的发展潜力。随着人们对绿色生态、健康生活的追求日益增强，乡村旅游以其独特的自然风光、丰富的文化资源和亲切的乡土风情，吸引了越来越多的游客。农民可以通过提升服务质量、丰富旅游产品、加强宣传推广等措施，吸引更多的游客，提高自身的旅游生计收益。

二、乡村振兴背景下农民旅游生计转型的实践路径

在乡村振兴的大背景下，农户的旅游生计作为推动乡村经济发展、实现农民增收的重要途径，受到了广泛关注。然而，当前农户在参与乡村旅游生计的过程中，仍面临着能力不足、合力缺乏、风险意识薄弱等问题。为了提升农户的旅游生计能力，探索有效的提升路径显得尤为必要。

（一）加强培训辅导

提升农户的旅游生计能力，首先需要从培训和指导入手。通过对农民的系统培训，可以帮助他们积累丰富的乡村旅游生计经验，提高创业技能和风险管理能力。针对农民从事乡村旅游生计的特点，建立个体化的培训体系至关重要。这包括对农民进行创业技能训练，同时，参考其他地区的成功经验，挑选出一批有旅游生计意愿和潜质的人员，举办旅游致富培训班。针对其个人意愿和现实需求，进行个性化的培训，培养既懂政策又懂经营的创业型人才。在培训方法上，应充分利用现代技术手段，采用多种形式的培训方法。利用互联网、大数据技术等，对不同类型农民的学习需求和规律进行把握，为其提供多样化的教学资源，促进其自主学习。同时，加速创新创业优质课程的信息化建设，开发在线开放课程，如慕课、视频公开课等，有效提升农民的创业能力[122]。此外，通过讲座、调查、体验和参与等方法，可以增强农民理论联系实际的创业能力。除了理论培训，组织有种植意向的农民前往大型种植基地进行体验式学习也是提升路径中的重要一环。在田间实际操作中，农民可以学习耕土、育苗、病虫害防治、

水肥管理、修剪枝叶等知识，这些实践经验对于后期开展农业观光式旅游项目具有重要意义。在提升农户旅游生计能力的过程中，风险管理是一个不可忽视的方面。通过培训，增强农民对市场变化的敏感度和应对能力，帮助他们识别和防范潜在风险，减少经营过程中的不确定性。政府在提升农户旅游生计能力方面也扮演着重要角色。通过加强政策支持和资金扶持，为农民提供创业指导、市场信息、技术支持等服务，降低创业门槛，提高创业成功率。此外，促进农民之间的交流与合作也是提升旅游生计能力的有效途径。通过建立农民合作社、行业协会等组织，加强农民之间的信息共享和资源整合，共同应对市场风险，提高整体竞争力。

（二）优化基础环境

首先，基础设施的完善是提升农户旅游生计的基石。在乡村旅游区域，加强信息网络建设，提升网络速度，降低费用，实现无线网络的全面覆盖，是吸引游客、提升服务水平的前提。此外，交通设施的改善同样至关重要。将泥泞的乡村小路改造为美观的自行车道，建设山间帐篷、新型民宿等，不仅能够提升旅游体验，也能成为吸引游客的重要元素。其次，营造良好的创业氛围对于激发农民的创业热情至关重要。政府、高校、传媒等应充分利用自身资源，通过互联网、微信公众号等新兴媒介，广泛开展乡村旅游生计的宣传活动。报道创新创业的先进事迹，树立典范，使乡村旅游成为一种积极的生活方式。此外，通过打造品牌乡村旅游胜地，创建样板基地，形成全镇范围内的创业氛围。融资环境的改善是农户旅游生计提升的另一关键因素。政府和金融机构应积极配合，为农民提供良好的融资环境。政府可在农民与投资机构间扮演桥梁角色，引导和培育农民的旅游生计。例如，国家可将部分资金用于农民旅游生计的风险担保，与商业银行合作，建立专业的金融服务体系，为农民提供资金保障。同时，鼓励财政投资公司设立扶持基金，对农民生计进行投资。在融资模式方面，农户可以探索“龙头企业 + 农民”“公司 + 农民”“专业合作社 + 农民”等新型模式，这些模式有助于整合资源，降低风险，提升乡村旅游生计的效果。通过这些模式，农户能够与市场主体建立更紧密的联系，获取更多的技术支持和市场信息，从而提高旅游生计的竞争力。政府在乡村振兴战略中扮演着重要角色，可以加大政策支持力度，为农户旅游生计提供政策保障。这包括提供税收优惠、财政补贴、土地使用优惠等措施，降低农户的创业成本，激发其创业活力。

（三）多层协作支持

作为引导者，政府需要发挥基层党组织的引领价值，加强乡村旅游生计的宣传工作，提高农民对旅游生计重要性的认识。通过政策引导和资金支持，政府可以为农民提供创业指导、市场信息、技术支持等服务，帮助他们更好地参与到乡村旅游的发展中来。[123] 农民自治组织作为协调者，负责动员乡村各类社会资源，为农民创业提供全方位的支持。这些组织可以协助政府政策的传达和实施，确保政策措施能够落到实处。同时，它们还可以帮助农民解决创业过程中遇到的实际问题，提供必要的协调和服务。涉农企业作为联结者，主要以农产品加工或流通为主要内容，通过多种合作方式，将农民创业者引入市场。这些企业可以与农民建立紧密的合作关系，推动农产品的生产、加工和销售的有机结合，实现资源的最优化配置。通过“公司 + 基地 + 合作社 + 农民”的运营模式，企业可以引导农民组建合作社，与农民结成合作伙伴，带动多业发展。此外，组织涉农机构，包括高等院校、培训机构、农技咨询服务组织等，它们可以为农民提供组织、培训和示范基地。这些机构根据乡村留守农民、返乡农民、外来农民等不同群体的特点，进行针对性的乡村旅游生计教育，提高农民的实际应用能力。通过提供专业知识和技能培训，这些机构可以帮助农民更好地适应乡村旅游的发展需求。在乡村振兴背景下，农户旅游生计的提升需要政府、农民自治组织、涉农企业和涉农机构等多方面的共同努力。通过建立一个多方协作的共赢模式，可以实现资源共享、优势互补，增强农民乡村旅游生计的实效性。这种模式不仅能够增加农民的收入，改善乡村环境，还能提升乡村旅游的整体效果。

（四）创建交流平台

在信息化快速发展的今天，社交网络已成为人们获取信息、交流思想的重要渠道。政府在创建交流平台方面发挥着关键作用。政府需要为农户旅游生计者建立交流平台，定期举办旅游生计交流会、分享会等活动。这些交流活动的话题和内容应符合农民的实际需求，让农民能够互相交换生计理念，实现知识共享和经验交流，从而达到双赢的目的。通过邀请科普专家、技术专家参与交流会，农民可以直接与他们进行交流，获取第一手的技术与经验。这种交流不仅可以提高农民的技术水平，还能拓宽他们的视野，增强他们对市场变化的适应能力。农民可以利用信息网络拓展自己的社交圈，获取更多生计资讯。在信息网络的帮助下，农民能够及时了解旅游市场的最新动态，提高寻找创业机遇的能力。政府相关部门和机构应通过经常举办旅游生计交流活动，把有关政策传递给农民企业家。除了线下的交流活动，政府还可以利用互联网技术，创建线上交流平台。通过线上论坛等形式，农民可以随时随地参与交流，分享经验，获取信息。这种线上交流平台的建立，可以突破时间和空间的限制，提高交流的效率和覆盖面。[124]

（五）完善旅游生计转型管理制度

首先，加强农户旅游生计的规划和管理是确保旅游生计保障制度更加健全的前提。在这一过程中，创新、协调、绿色、开放、共享的新发展理念发挥着重要作用。通过这些理念的引导，可以优化农户旅游生计的规划与管理工作，进而健全旅游创业保障体系。在发展乡村旅游时，政府的引导和协调作用尤为突出，这有助于切实推动乡村旅游的发展。政府需要根据本地实际情况，对景区及产业进行差别化规划，避免农民重复进行乡村旅游生计项目，减少资源浪费和市场同质化竞争。此外，在农户旅游生计的立项建设、环境治理保护、安全保护等方面，制定和完善相关产业标准与评估制度至关重要。这些制度的建立和完善有助于推动乡村旅游生计项目规范发展，保障农民的合法权益。其次，加大对农业资源的开发力度，推进农户旅游生计深度发展，是提升农业附加值、加快乡村经济发展的重要途径。为了提高农业经济效益和农民生活质量，需要增加对农业的投入，提高农业生产的科技含量和市场竞争力。在农户旅游生计中，生态保护的重要性不容忽视。注重生态保护制度的制定不仅有助于保障乡村旅游的可持续发展，也有助于提升旅游品质、满足游客需求。通过加强生态保护，还可以维护乡村的自然环境和文化特色，为乡村旅游提供持续的动力和吸引力。

三、实证研究

在国家乡村振兴战略的推动下，乡村旅游作为推动乡村经济发展、提高农户收入的重要途径，受到了学术界和实践界的广泛关注。为了深入探讨乡村旅游对农户增收的影响，以及不同因素在其中所起的作用，张治港通过对 X 区乡村旅游特色乡镇的实地调研与问卷调查，揭示了影响农户增收的多个因素。[125] 研究表明，农户参与乡村旅游培训、学历水平、家庭成员参与乡村旅游的人数、交通便利程度以及乡村旅游特色活动的举办次数，均对农户增收产生了积极影响。类似地，黄志毅和南曙光基于 2004—2021 年的面板数据，探索了旅游发展、交通基础设施与农民增收之间的动态关系。[126] 研究发现，旅游发展与交通基础设施完善对农民增收具有显著的推动作用，且三者之间存在长期均衡关系。刘婷和贾强通过固定效应模型的实证检验，进一步证实了旅游业发展对新疆农民收入增长的积极效应。[127] 刘荣等人基于恩施土家族苗族自治州乡村旅游地的农户调查，发现参与旅游能够降低农户的生计脆弱性，尤其是提高了农户的适应力。[128] 在不同旅游参与程度的农户中，旅游兼营型农户的生计脆弱性最低，适应力最强。研究乡村旅游对农户生计韧性的影响也是一个热点，潘玉兰等通过构建“缓冲力—组织力—学习力”的理论框架，运用熵值法、综合指数法、倾向评分匹配（PSM）的方法，测算了农户生计韧性及农户参与乡村旅游行为对农户生计韧性提升的影响。[129] 此外，左文超等学者研究了乡村旅游社区共生关系，探究了天龙屯堡旅游社区多元利益主体间的合作困境。[130] 研究发现，乡村旅游社区共生关系的本质是共生单元之间的互利关系，矫正乡村公共空间的失序问题，需要构建“一核、两层、三阶段”的网状共治模式。总之，乡村旅游对农户增收具有显著的正面影响，但这种影响受到多种因素的影响，包括农户的培训参与程度、教育水平、家庭参与程度、交通条件、特色活动举办频率等。同时，旅游发展与交通基础设施的完善存在协同效应，能够共同推动农民增收。此外，农户的社会网络关系、生计脆弱性、生计韧性等也是影响其旅游生计的重要因素。因此，在推动乡村旅游发展的过程中，应综合考虑这些因素，采取有效措施，促进农户增收，实现乡村振兴目标。

第九章　新质生产力对绿色生产力的继承与发展

第一节　绿色生产力的内涵及特征

一、绿色生产力的内涵

绿色生产力作为现代社会发展的核心概念，其内涵丰富而深刻。马克思和恩格斯在构建和谐社会的理论中，提出了绿色生产力的科学概念，强调生态环境是生产力发展不可或缺的前提和基础，生产力包含自然生产力和社会生产力，两者相互联系、相互区别。自然生产力主要涵盖自然界的自然力、各种自然资源以及劳动所需的自然环境条件。这些资源包括土地、水产品、森林、矿产、生物等，它们是人类生活和劳动资料的自然来源，构成了社会生产力的自然基础。马克思和恩格斯指出，农业和采矿业中的劳动生产率不仅与社会生产率有关，更与劳动的自然条件（自然生产力）密切相关。社会生产力，亦称"物质生产力"，是指劳动者在生产过程中与自然进行物质变换的能力。这涉及劳动者利用自然对象和自然力生产物质资料的能力。这种生产力体现了劳动者与自然的关系，以及劳动者在生产过程中对自然资源的利用和转化。与上述两种生产力相对应，劳动生产率也被分为社会生产率和自然生产率两种类型。社会生产率关注的是生产过程中劳动力的组织和利用效率，自然生产率则着眼于自然资源在生产过程中的利用效率和产出。马克思和恩格斯进一步强调，现实的生产力发展离不开自然条件的支持。直接生产者需要有足够的劳动力，同时，他所耕种的土地等自然条件必须有足够的肥力，以保证自然劳动生产率能够满足生产者在满足自身需求之外的劳动产出。这表明，要形成有助于经济社会可持续发展的绿色生产力，就必须协调好自然生产力和社会生产力之间的辩证关系，精心保护自然生产力和劳动的自然生产率。绿色生产力概念作为马克思主义生产力概念的本质，不仅是理论创新的重大成果，更为我国在生产力发展中构建和谐的人与自然关系以及人与社会关系提供了实践遵循。绿色生产力强调的是一种人与自然和谐共生的能力，要求彻底终止资本主义将人与自然对立起来的“黑色生产力”的理论和实践，进入以绿色生产力推动经济社会全面绿色转型的生态文明社会。因此，绿色生产力是一种新的生产力形态，它要求国家在发展生产力的同时，注重生态环境的保护和自然资源的合理利用。绿色生产力的提出，为人们理解“新质生产力本身就是绿色生产力”的科学论断提供了唯物史观的理论依据，也为构建和谐的人与自然关系和人与社会关系提供了实践指南。绿色生产力的定义可以概括为：一种在人与自然和谐共生的基础上，通过合理利用和保护自然资源，实现经济社会可持续发展的生产力形态。

二、绿色生产力的特征

当前，绿色生产力已经成为推动社会进步和经济发展的关键力量。它不仅代表了一种新的生产方式，更是一种全新的发展理念。在“十四五”规划纲要、习近平总书记的重要讲话以及2024年《政府工作报告》中，新质生产力与绿色生产力的关系被明确提出。“新质生产力本身就是绿色生产力”这一重大判断，不仅是对我国当前发展现实的政治宣示，也是对绿色发展的进一步强调。这一判断强调了发展新质生产力必须以绿色低碳为出发点，因为这是世界发展趋势的必然要求。从我国当前的实际情况来看，经济发展正由粗放式向集约化转变，由要素投入为主向以创新驱动为主的转型。在这一转型过程中，必须特别强调以人与自然和谐共生为核心的美丽中国建设，强调生态环境保护的重要性。产业作为新质生产力和绿色生产力发展的载体，包括传统产业的绿色低碳转型、战略性新兴产业和未来产业的发展。绿色生产力的核心在于实现生产过程的绿色化、低碳化，以及对生态环境的保护和改善。这种生产力的兴起是对传统生产方式的一种超越，它强调在发展经济的同时，必须兼顾生态环境的可持续发展，其特征有以下几点。

（一）依赖技术创新

从供给侧看，科技创新，尤其是数字技术和绿色技术的创新应用，为企业工艺流程改造、技术升级、绿色产品创新提供了广阔的空间，也为降低资源能源消耗规模和强度提供了新路径。例如，利用5G、物联网、大数据、云计算、人工智能、区块链等数字技术作为生产工具，以数据资源作为关键要素，以信息网络作为重要载体，在能源生产、转化、传输、存储和消费过程中，实现资源的最小化利用、减污降碳协同，实现经济效益、社会效益与环境效益的多赢。新质生产力为绿色发展提供了强大的技术支撑和推动力。通过不断的技术创新，可以提高生产效率，减少资源消耗，降低环境污染，从而实现经济与环境的双赢。这种技术支撑不仅包括清洁能源技术、节能减排技术，还包括循环经济、生态农业等新型产业技术。

（二）高效利用资源

从经济学角度来看，资源的高效利用意味着以相同的资源生产更多的产品，或者以更少的资源生产相同数量的产品。从可持续发展的角度来看，矿产资源的开采量应小于新增储量，可再生资源的开发利用量应小于其再生量。构建绿色低碳循环经济体系，应推广应用绿色科技创新和先进绿色技术，强化绿色制造业，发展绿色服务业，壮大新能源产业，发展绿色低碳产业及其供应链，实现经济效益、社会效益和环境效益的统一。

在资源环境承载力的约束下，绿色生产力强调在不牺牲环境的前提下实现经济发展。这要求人们在发展过程中，必须充分考虑资源的有限性，通过优化资源配置，提高资源利用率，实现资源的可持续利用，即绿色生产力不仅关注当代人之间的公平性和共同富裕，也为后代人留有足够的资源和空间。这种发展模式体现了对未来世代的责任感和长远考量，确保了人类社会的可持续发展。通过这种方式，绿色生产力不仅促进了当前的经济增长，也为子孙后代创造了一个更加绿色、健康、和谐的生活环境。

（三）保护生态环境

绿色生产力作为一种先进生产力，其核心特征在于实现经济发展与环境保护的协调统一。环境的承载力是绿色生产力关注的另一个重要方面，从经济学角度看，生产过程中排放的污染物应小于生态环境的自净能力或环境容量。换言之，破坏生态环境等同于破坏生产力，保护和改善生态环境则是发展生产力的重要途径。生态环境治理和恢复不仅关系到国计民生，也关系到民族的未来。环境优化不仅有益于人们的身体健康，也影响人们的心理健康和社会和谐。环境就是民生，青山就是美丽，蓝天也是幸福。加强环境治理，改善环境质量，满足人民群众日益增长的生态环境需求，是提高人民群众生活质量和幸福感的必要条件。这种协调性是全球性难题，但中国在处理这一问题上取得了显著成就。改革开放以来，中国经济以年均约 10% 的速度高速增长，至 2010 年跃居世界第二大经济体。然而，这种粗放型的增长方式也带来了环境污染和生态系统退化等问题。面对这些挑战，党的十八大以来，以习近平同志为核心的党中央提出了一系列政策措施，如供给侧结构性改革、人与自然和谐共生、美丽中国建设等，将高质量发展作为时代主题，推动经济发展与环境保护的关系由从属走向相互融合、相互促进。绿色发展不是不发展，而是要在保护生态环境的前提下进行发展。这就要求人们在发展经济的同时，不能以破坏环境为代价，要实现人与自然的和谐共生。这种理念要求人们在发展过程中，必须充分考虑生态保护的重要性，采取有效措施，减少对环境的负面影响。同时，绿色生产力是美丽中国建设的强劲科技动力，而美丽中国建设也将激活更多的绿色生产力。绿色生产力注重气候的友好性，绿色低碳发展已成为世界潮流，碳中和成为国际社会的共识。140 多个国家签署了《巴黎协定》，承诺减少二氧化碳等温室气体排放，并制定了碳中和的时间表和路线图。中国也在积极实施碳达峰碳中和政策体系，能源绿色低碳转型是实现碳达峰碳中和目标的重中之重。化石能源在加工、燃烧、使用过程中产生大量温室气体，加剧了全球气候变暖趋势，影响人类生存和发展。绿色生产力在推动经济发展的同时关注气候变化及其对人类的影响，造福国人的同时支撑人类命运共同体的建设，展示中国负责任的大国形象和担当。

（四）推动经济社会全面绿色转型

通过理论、科技、制度、模式、发展方式创新等途径，推动经济社会全面绿色转型，加快形成科技含量高、资源消耗低、环境污染少的产业结构、生产方式和消费模式。这种转型不仅涉及产业的升级，也涉及社会生活方式的转变，需要全社会的共同努力。其中，实现生产方式的绿色低碳转型，是解决资源承载力、环境和生态承载压力及应对气候变化的基础之策，也是实现高质量发展的重要支撑。在绿色生产力的驱动和支撑下，我国绿色发展已经取得了重大成就，经济的“含金量”和“含绿量”明显提升。绿色发展理念引导企业从生态系统整体性、多样性和可持续性出发，研发更高效的生产技术、工艺和产品，减轻了对生态系统的压力。同时，绿色生产力还强调产业转型升级，促进生态系统的稳定性、多样性和可持续性。通过创新要素的集聚，加快建设现代化经济体系，推进科技自立自强，构建国内国际循环相互促进的新发展格局，统筹推进深层次改革和高水平开放，统筹发展和安全等战略任务的落实，实现经济、社会和资源环境的协调发展、共享发展。为了进一步健全现代产业体系，需要将创新成果应用到产业链乃至供应链上，不断培育发展新质生产力的新动能。2023年，我国可再生能源发电装机容量占比超过一半，历史性地超过火电装机；新能源汽车产销量连续9年位居世界第一。这些成就不仅展示了我国在绿色发展方面取得的显著进步，也为全球绿色发展提供了中国方案。生态环境"十四五"重大工程台账系统纳入项目1.2万个，完成投资6000亿元，这不仅为解决环境问题提供了治本之策，而且也拓展了发展潜力，增强了发展后劲。这些项目的成功实施不仅改善了我国的生态环境，也为经济社会的可持续发展提供了坚实的基础。[131]同时，绿色发展更加关注公平性、公正性和共享性，让绿色发展成果惠及更多的人。这种发展理念强调了绿色发展的普惠性，要求人们在发展过程中，不仅要关注经济的增长，更要关注社会的公平和公正，让所有人都能享受到绿色发展带来的红利。

综上，绿色生产力的特征是多维度的，它涵盖了资源高效利用、环境承载力的重视、气候友好性的发展以及发展的持续性。这些特征共同构成了绿色生产力的核心，指导人们在实现经济发展的同时，保护和改善生态环境，实现人与自然的和谐共生。

三、新质生产力的绿色内涵

绿色发展，作为可持续发展战略的重要组成部分，强调在经济发展过程中实现环境保护与资源合理利用的平衡。这种发展理念不仅关注当前的经济利益，更加注重长远的生态效益和社会福祉。2024年1月31日，在中央政治局第十一次集体学习会议上，习近平总书记的重要讲话进一步明确了绿色发展与新质生产力之间的内在联系，他指出："绿色发展是高质量发展的底色，新质生产力本身就是绿色生产力。"这一论断不仅为研究者提供了新质生产力绿色内涵的理论基础，更指明了实现高质量发展的实践路径。

（一）揭示了人与自然的和谐关系

在深入探讨新质生产力的绿色内涵之前，必须先理解生产力这一概念在马克思主义政治经济学中的核心地位。生产力不仅是衡量一个社会物质文明发展水平的重要标志，更是反映人类与自然界相互作用和影响的能力。在传统的观念中，生产力往往被视为人类对自然界的征服与改造，这种理解在历史上曾有其合理性，但在现代社会，这种观念已经显得过时，甚至可能带来误导。新质生产力的提出，是对传统生产力概念的一次深刻反思和超越，它强调的是在人与自然和谐共生的基础上，实现生产力的可持续发展。

在马克思主义的经典著作中，生产力的定义多与人类对自然的征服和改造能力相关。例如，《历史唯物主义原理（第三版）》和《政治经济学教材（第 12 版）》中就有类似的表述，主张生产力是“人们征服自然、改造自然的能力”。这两部著作作为马克思主义理论学科的重要教材，在学术界产生了深远的影响。然而，随着时代的发展和认识的深化，人们逐渐意识到，将生产力仅仅理解为对自然的征服是不够全面的。在《共产党宣言》中，马克思和恩格斯提到了“自然力的征服”，但这并不意味着人类与自然之间是一种单向的征服关系。实际上，马克思和恩格斯在这里所说的征服，更多的是指人类对风力、水力、火力等自然力的运用，是人类对自然规律认识的深化和应用能力的提高，而非对自然的直接征服。[132] 马克思曾明确指出“人是自然界的一部分。”这一观点深刻揭示了人与自然的内在联系，强调了人类作为自然界一部分的本质属性。人类的生存和发展离不开自然界的支持，自然界的平衡与健康同样需要人类的尊重和保护。马克思和恩格斯更是警示人类“不要过分陶醉于我们人类对自然界的胜利。对于每一次这样的胜利，自然界都对我们进行报复。”这一观点提醒人们，人类对自然的每一次所谓的“征服”，都可能带来不可预见的负面后果。自然界的报复往往以环境退化、生态失衡等形式出现，给人类社会带来深远的影响。因此，新质生产力的提出，不仅是对传统生产力概念的一次重要补充，更是对人类与自然关系的一次深刻反思。新质生产力强调的是在尊重自然规律的基础上，实现人与自然的和谐共生，推动生产力的绿色发展。这种生产力的发展，不再以对自然的征服为前提，而是以对自然的保护和合理利用为基础，实现人类社会的可持续发展。新质生产力的绿色内涵，从根本上改变了人们对生产力的传统认识。它要求人们在发展生产力的同时，必须考虑到生态环境的承载能力，实现经济发展与环境保护的协调统一。这种发展模式，不仅有利于当前社会的稳定与进步，更为子孙后代留下了宝贵的自然资源和良好的生态环境。在新质生产力的引领下，人们将更加注重科技创新和绿色技术的应用，推动产业结构的优化升级，发展循环经济，减少资源消耗，降低环境污染。人们将更加重视生态文明建设，加强生态环境保护，提高资源利用效率，实现人与自然的和谐共生。

（二）新质生产力本质上是绿色生产力

在深入探讨新质生产力的绿色内涵时，首先需要认识到生产力在人类社会发展中的核心地位。生产力是人类利用自然界所提供的条件，通过劳动改变物质形态，满足自身物质需求的能力，生产力是一个包含要素、结构和功能三位一体的复杂系统。生产力的发展是一个动态的过程，它通过量变到质变的转变，推动着社会形态的演变和社会制度的变迁。随着生产力的发展，人们对人与自然关系的认知也在不断变化。从原始社会的自然崇拜，到古典农业社会的人与自然耦合，再到现代工业社会人对自然的征服，这一演变过程反映了生产力发展的不同阶段和人与自然关系的不同形态。在生态文明时代，党和国家深刻认识到人与自然和谐共生的重要性，并在此基础上提出了新质生产力的概念。新质生产力是在技术革命性突破、生产要素创新性配置、产业深度转型升级的背景下催生的当代先进生产力，它以生产力三大要素即劳动者、劳动资料（工具）、劳动对象及其优化组合的质变为基本内涵，以全要素生产率的提升为核心标志。新质生产力的绿色内涵体现在以下几个方面。

一是要素层面的绿色化，新质生产力的要素包括新的劳动者、新的劳动工具和新的劳动对象。新的劳动者不仅具备专业知识和技能，而且深受环保理念的影响，对人与自然的和谐共生关系有着深刻的认识。新的劳动工具以智能硬件为主体，能够提升人们利用和改造自然的能力，同时减少对自然资源的破坏和损耗。新的劳动对象则扩大了人们认识和运用自然的能力，促使人们从依赖不可再生资源转向可再生资源。二是系统结构的优化，新质生产力通过优化系统结构，推动传统产业的深度转型升级，构建人与自然和谐共生的现代化产业体系。这种结构优化不仅提升了生产能力，也改善了生产效率。三是功能上的提升，新质生产力在功能上体现为生产能力的提升和生产效率的改善。这种提升和改善有助于实现人的自由全面发展，创造人类文明的新形态。四是与自然的和谐共生，新质生产力的形成和发展标志着人类在利用自然、改造自然的同时，更加注重保护自然。这种能力的提升有利于实现人与自然的和谐共生，推动社会向更加可持续的方向发展。五是科技革命和产业革命的推动，新质生产力的形成是新一轮科技革命和产业革命的结果，它引发了生产力要素的质变，推动了生产力的绿色转型。六是生态文明时代的要求，新质生产力的提出和实践，符合生态文明时代的要求，体现了人类对自然环境的尊重和保护，以及对可持续发展的追求。

新质生产力本质上是绿色生产力，它不仅代表了生产力发展的新阶段，也反映了人类对自然的新认识和新态度。新质生产力的发展，将有助于人们构建一个更加和谐、绿色、可持续的世界，实现人与自然的共同繁荣。

第二节 新质生产力就是绿色生产力的阐释

一、生态优先发展理念

随着经济的快速发展和科技的不断进步，生产力的绿色转型已成为一个迫切需要解决的问题。生态优先的发展理念作为推动这一转型的重要前提，已经逐渐成为社会各界的共识。正如习近平总书记所强调的，“理念是行动的先导，一定的发展实践都是由一定的发展理念来引领的。发展理念是否对头，从根本上决定着发展成效乃至成败。”[133]这一论断深刻地指出了理念对于实践的指导作用，以及正确的发展理念对于发展成效的决定性影响。在这一背景下，新质生产力的概念应运而生。新质生产力是在生态文明时代背景下，基于对传统生产力模式的深刻反思和超越，提出的新的发展模式。它强调在发展过程中，必须将尊重自然、保护生态环境与生产力的高质量发展紧密结合起来。正如习近平总书记所指出的，“要牢固树立和践行绿水青山就是金山银山的理念，坚定不移走生态优先、绿色发展之路。”这一理念不仅为新质生产力的发展指明了方向，而且为社会主义生产力的进步提供了丰富的绿色内涵。新质生产力的发展，必须以生态优先理念为指导，将生态环境保护与经济社会发展紧密结合起来。“环境就是民生，青山就是美丽，蓝天也是幸福，绿水青山就是金山银山；保护环境就是保护生产力，改善环境就是发展生产力。”这一观点明确了生态环境保护与生产力发展的内在联系，强调了保护生态环境在发展新质生产力中的重要作用。新质生产力的发展，是对马克思自然生产力理论的继承与发展。马克思认为，社会实践活动的展开，不仅要大力发展社会生产力，还可以依托自然本身的生产力。这一理论为新质生产力的绿色发展提供了坚实的理论基础。新质生产力的发展，必须以自然法则为实践依据，体现社会生产力与自然生产力的辩证统一。

在新质生产力的发展过程中，必须坚持生态环境保护优先原则。“绿水青山既是自然财富、生态财富，又是社会财富、经济财富。”这一原则强调了生态环境的多重价值，包括自然价值、生态效益和经济效益，促进了新质生产力发展的工具理性和价值理性的统一。新质生产力的发展，需要良好的生态环境作为基础。良好的生态环境有助于劳动者的生存发展、劳动工具的改良和劳动对象的拓展。发展新质生产力，坚持生态保护优先理念，深化了对生产力发展与生态保护关系的再认识，促进了生态保护、经济发展与新质生产力发展的同频共振。面对生态环境的污染与破坏，新质生产力的发展必须坚持污染防治优先原则。新质生产力能够直面生态环境现状，为生态环境治理与修复提供技术支撑。在新质生产力的培育和发展过程中，要“实行最严格的生态环境保护制度，建立健全环境与健康监测、调查、风险评估制度，重点抓好空气、土壤、水污染的防治，加快推进国土绿化，切实解决影响人民群众健康的突出环境问题”。[134] 新质生产力的发展，破除了传统的牺牲生态环境和浪费生态资源的发展方式，通过构建科学的治理模式助力生态系统修复。要不断增强生态环境防治的科技供给，以科技创新为载体的新质生产力为生态恢复治理提供了新动能。加强对生态环境的保护修复，需要从生态环境的整体性和系统性出发，通过发展新质生产力攻克阻碍生态环境治理与修复的难题。新质生产力的发展，需要发挥科技智库和科技决策机制对污染防治提供的智力支持，转变生产力发展方式，促进新质生产力的智能化、绿色化发展，从而深度参与生态环境污染的防治。新质生产力坚持生态优先理念，注重的是科学理论对实践活动的指引作用，并非否认实践对认识的决定作用。生态优先理念本质上来源于人们的生产实践活动，是在生产力发展与自然环境长期互动的过程中，对传统生产力发展方式弊端的深刻认识与总结。新质生产力也是推动社会进步的重要力量，通过创新技术和方法，解决传统生产方式中的瓶颈问题，提升生产效率和社会福祉。以生态优先指引新质生产力的培育和发展，重点在于发挥新质生产力的实践功能。变革生产力发展的传统思维方式，破除阻碍生产力发展的体制机制，才能推动新质生产力与生态环境发展的良性互动。

总之，新质生产力的绿色内涵，是在生态优先理念的指导下，对传统生产力模式的深刻反思和超越。它强调在发展过程中，必须将尊重自然、保护生态环境与生产力的高质量发展紧密结合起来，实现人与自然的和谐共生。新质生产力的发展，不仅需要科技创新的支撑，更需要全社会的共同努力，以实现经济社会的可持续发展。

二、助力低碳循环经济发展

在当前全球气候变化和环境恶化的严峻形势下，发展低碳循环经济已成为实现经济社会可持续发展的关键途径。新质生产力的提出，正是为了满足这一时代要求，它不仅体现了对传统生产方式的超越，更是经济社会发展模式转型的内在动力。低碳循环经济是一种以资源高效利用和环境友好为核心，旨在减少温室气体排放的经济发展模式。这一模式强调经济活动与环境保护的协调发展，通过技术创新和制度创新，实现经济增长与生态环境保护的双赢。正如习近平总书记所述，“我们要践行绿色发展的新理念，倡导绿色、低碳、循环、可持续的生产生活方式，加强生态环保合作，建设生态文明，共同实现2030年可持续发展目标。”[135]与传统生产力相比，新质生产力更加注重生态保护与资源高效利用的和谐统一。它跳出了以资本为中心的发展模式，转而强调经济社会的绿色转型。新质生产力为低碳循环经济的发展提供了强大的动力。首先，它通过科技创新，推动清洁能源的研发和应用。我国风电、光伏等资源丰富，发展新能源潜力巨大。[136]这些清洁能源具有环保性和可再生性，对于缓解能源紧张、推动经济社会的绿色低碳转型具有重要意义。其次，新质生产力通过优化能源结构，减少对传统石化燃料和煤炭的依赖，从而降低环境污染和资源浪费。这一转变不仅有助于改善生态环境，也是实现经济高质量发展的必然选择。另外，科技创新是新质生产力发展的核心，它不仅为清洁能源的研发创造了条件，而且加强了关键核心技术的联合攻关和科研成果转化运用。习近平总书记指出，“要瞄准世界能源科技前沿，聚焦能源关键领域和重大需求，合理选择技术路线，发挥新型举国体制优势，加强关键核心技术联合攻关，强化科研成果转化运用。”新质生产力与经济社会发展形成了良性互动，共同推动了低碳循环经济的发展。低碳经济的核心在于减少温室气体排放，提高能源利用效率，促进经济结构的绿色转型。新质生产力的引入和发展，为实现这一目标提供了坚实的基础和动力。新质生产力强调的是在生产过程中实现资源的高效利用和环境的保护，这与低碳循环经济的理念不谋而合。党的二十大报告指出，“围绕碳达峰、碳中和目标，我国加强创新政策供给，调动各创新主体的主动性，加快形成节约资源和保护环境的产业结构、生产方式、生活方式、空间格局。”这表明新质生产力的发展与低碳经济的目标高度一致。

借助科技创新这一新质生产力发展的重要驱动力，通过技术的不断革新，可以提高能源利用效率，降低生产过程中的碳排放：推动互联网、大数据、人工智能和实体经济深度融合，在中高端消费、创新引领、绿色低碳等领域培育新增长点、形成新动能。此外，新质生产力的发展不仅仅关注生产过程中的能源利用效率，还强调资源的循环集约利用。党的二十大报告也强调了构建废物循环利用系统的重要性，这与新质生产力的发展要求相契合。同时，新质生产力的发展还涉及国内外市场的互动，“畅通国民经济循环并实现国内国际双循环的相互促进是新质生产力形成的重要条件。”这表明新质生产力在推动资源循环利用和市场开拓方面具有重要作用。

新质生产力作为绿色生产力的代表，为低碳循环经济的发展提供了强大的动力和支持。通过科技创新、资源循环利用和市场互动，新质生产力有助于实现经济社会的绿色转型和可持续发展。

三、奠定绿色产业体系基础

在当前全球经济转型和可持续发展的大背景下，新质生产力作为推动经济结构调整和产业升级的关键力量，在构建绿色产业体系中的作用日益凸显。新质生产力的核心在于通过技术创新和产业升级，实现经济活动的绿色化、低碳化。这一过程不仅涉及传统产业的改造，也包括新兴产业的培育和未来产业的布局。构建绿色产业体系是推动新质生产力绿色发展的重要保障，也是实现经济社会可持续发展的必由之路。产业升级是培育新质生产力的重要载体。中共中央、国务院《关于全面加强生态环境保护坚决打好污染防治攻坚战的意见》要求下大气力抓好落后产能淘汰关停，采取提高环保标准、加大执法力度等多种手段倒逼产业转型升级和高质量发展。这需要不断推动节能环保、清洁能源、清洁生产等产业的绿色转型升级，逐步淘汰对生态环境有危害的产业，确保以清洁生产促进经济的绿色发展。绿色基础设施是构建绿色产业体系的重要组成部分，包括加强绿色交通、绿色建筑等基础设施的发展，为构建绿色产业体系奠定坚实基础。此外，新质生产力的发展要为与生态环境相关产业的发展提供科技支撑，加快建立生态经济体系需要新质生产力不断推动生态经济体系、现代化的治理体系以及生态安全体系的构建。另外，传统产业的绿色升级是新质生产力发展的重要方面，而推动制造业智能化、绿色化发展这一过程需要新质生产力提供新动能、新引擎和新赛道，着力打造传统产业绿色发展的新高地。同时，战略性新兴产业是经济社会发展全局中起重大带动和引领作用的产业，要推动战略性新兴产业融合集群的发展，新质生产力要不断以科技创新提升新兴产业的竞争力，坚持以绿色生产方式引领新兴产业的发展。同时，未来产业的培育是新质生产力发展的重要方向。《关于推动未来产业创新发展的实施意见》指出，要在未来制造、未来信息、未来材料、未来能源、未来空间、未来健康等方面加快未来产业的部署和发展。新质生产力要积极打造未来产业的联合体，不断强化技术创新资源的融汇以及为培育现代化的产业生态链提供内在动力。绿色产业集群的打造是构建绿色产业体系的重要保障。打造高效生态绿色产业集群要求新质生产力要促进绿色产业的规模化发展和协同化发展，促进不同绿色产业的良性互动。

此外，数字技术的创新与应用是新质生产力推动绿色产业体系构建的关键。新质生产力本身也是一种数字生产力，绿色产业体系的构建依赖数字技术的加持。新质生产力要与产业发展深度融合，加快培育现代化绿色产业体系。构建绿色产业体系离不开政府、企业和社会的共同作用。要构建三方共治的绿色行动体系，各方面要加快形成政策性文件和绿色行动体系，为新质生产力构建绿色产业体系提供政策支持和智力保障。政府部门应不断完善相应的绿色产业政策和法律法规，确保绿色产业发展有序进行。要完善数字技术的监管法规、降低其垄断风险，确保新质生产力的积极健康发展。总之，新质生产力作为绿色生产力的代表，为构建绿色产业体系提供了坚实的基础和动力保障。通过产业升级、绿色基础设施建设、科技支撑、传统产业和战略性新兴产业的绿色发展、未来产业的培育、绿色产业集群的打造、数字技术的创新应用以及政府、企业和社会的共同作用，新质生产力正推动着经济社会的绿色转型和可持续发展。

四、激发绿色生活方式

在探讨新质生产力与绿色生活方式的关系时，必须首先认识到生产力发展与人的现实生活之间的密切联系。新质生产力的培育和发展，不仅为经济的可持续增长提供了新动能，更为人们构建绿色生活方式提供了坚实的物质基础和技术支持。新质生产力是在传统生产力基础上，通过科技创新、资本规范运用和人民至上原则的坚持，形成的一种新型生产力。它超越了西方现代化中生产力的局限，致力构建一种属于人自身发展的绿色生活方式，新质生产力的发展，必须依托强大的科技支撑，需要从消费方式入手，推动绿色消费的形成。在资本主义社会中，消费异化现象严重，过度消费和超前消费造成了自然资源的浪费和环境污染。新质生产力致力提供更多普惠健康的产品，通过技术手段减少消费的刺激，为人们养成绿色消费方式提供支撑。新质生产力的发展，还为人们实现绿色生活方式创造了良好的外部条件，新质生产力赋能生态环境治理，不仅关注物质财富的积累，更注重精神财富的丰富和生态环境的保护。新质生产力的跨越式发展，变革了传统生产力发展模式，为高品质绿色生活的实现提供了技术支持和物资保障，其旨在提高劳动人民的生活质量，服务人民的美好生活。此外，新质生产力的发展，始终站在人与自然和谐共生的战略高度，不断为实现人、自然与社会的融合共生提供实践指引，让人们共享绿色生活空间。

综上，新质生产力作为绿色生产力的代表，为构建绿色生活方式提供了坚实的基础和动力源泉。通过科技创新、资本规范运用、消费方式的转变、高品质生活的追求以及社会和谐共生的实现，新质生产力正推动着经济社会的绿色转型和可持续发展。

第三节　新质生产力绿色发展的实践路径

当前，随着对生态环境保护意识的不断增强，绿色发展的理念已经成为全球共识。绿色发展不仅仅是一种理念，更是一种行动指南，它指导着人类社会的生产和生活向着更加可持续的方向发展。“绿水青山就是金山银山”这一理念的提出，更是将绿色发展具体化和系统化，为生态文明建设提供了清晰的方向和目标。

一、促进绿色技术革新与普及

随着资源环境约束的日益加剧，绿色技术的发展与创新已成为实现可持续发展的重要途径。绿色技术以其生态学原理和经济规律为基础，旨在通过无害化或低害化的工艺与技术，减少对生态环境的影响，实现人与自然的和谐共生。在推动新质生产力形成的过程中，绿色技术创新扮演着至关重要的角色，是推动现代化发展的关键要素，它不仅关系到环境保护的需求满足，也是新质生产力形成的核心动力。然而，我国在基础科学研究领域仍存在短板，关键核心技术受制于人的状况尚未得到根本改变，尤其是在绿色技术创新方面，与欧美等西方现代化国家相比，我国仍存在较大差距，创新驱动的赋能作用有待进一步提升。面对这些挑战，需要采取一系列措施加快绿色技术的推广应用。首先，通过知识创新、技术创新、市场导向的产学研结合等方式，加大绿色技术研发力度。这包括实施绿色技术创新攻关行动、培育建设创新基地平台、强化企业创新主体地位等，以鼓励绿色低碳生产技术研发，扎实开展基础研究，并加大数字技术在生产流通全过程的研发投入力度。在构建绿色技术创新体系时，必须坚持市场导向，重视政府和中介组织的作用。以创新驱动为核心，鼓励企业承担绿色创新战略任务，激发企业的创新活力。同时，要根据现实情况实施数字技术差异化发展战略，通过加快生产全过程体制机制创新与改革、加快科技成果与产业升级的供需对接、推进绿色技术交易中心建设等，加速科技成果转化。绿色技术的推广应用还需要实现对生产全过程的综合技术改造和治理。这不仅涉及生产技术本身的改进，还包括生产过程中的资源节约和生态环境保护。通过这种方式，可以在生产过程中实现资源的高效利用和环境的可持续保护。同时，为了促进绿色技术的创新与普及，政策支持和市场机制的结合至关重要。政府需要出台相关政策，为绿色技术创新提供资金支持、税收优惠等激励措施。同时，市场机制的完善可以为绿色技术的推广提供广阔的空间，通过市场的力量推动绿色技术的广泛应用。在经济全球化背景下，国际合作与交流对于绿色技术的创新与普及同样重要。通过与国际先进水平的交流与合作，可以引进先进的绿色技术和管理经验，促进国内绿色技术的快速发展。因此，绿色技术创新是新质生产力绿色发展的关键实践路径。通过加大研发投入、构建创新体系、推广应用绿色技术、结合政策支持与市场机制、加强国际合作与交流，可以有效推动绿色技术的发展，实现生产全过程的绿色转型，为新质生产力的绿色发展提供坚实的基础。

二、构建绿色低碳的产业经济体系

绿色低碳的产业经济体系的建立，不仅关乎经济结构的优化升级，更是实现社会经济可持续发展的重要保障。“绿水青山就是金山银山”的理念，强调了生态环境保护与经济发展并重的重要性。当前，中国能源结构和产业结构的高碳特征较为明显。这要求我国不能简单复制西方发达国家的减排和碳达峰路径，需要探索适合我国国情的绿色低碳发展模式。面对实现“双碳”目标的严峻挑战，加快工业和能源消费结构的调整，推动生态、绿色、低碳的循环发展，已成为中国在更长时间内需要解决的问题。习近平总书记在参加江苏代表团审议时强调，“发展新质生产力不是忽视、放弃传统产业”。这一论断为发展指明了方向：一方面，要通过绿色科技创新改造传统产业，促进其向高端化、智能化、绿色化发展转型；另一方面，要统筹推进传统产业的转型升级与新兴产业的发展壮大，构建绿色低碳的产业体系。在发展新质生产力的过程中，必须坚持从实际出发，因地制宜。根据本地的自然资源禀赋、产业基础和科研条件，有选择性地推动产业发展，实现环境保护与经济发展的双赢。企业在绿色发展中起到了关键作用，其作为推动新质生产力发展的重要主体，对于构建绿色低碳的产业经济体系具有不可替代的作用。习近平总书记指出，企业要聚焦集成电路、新型显示、通信设备、智能硬件等重点领域，加快锻造长板、补齐短板，培育一批具有国际竞争力的大企业和具有产业链控制力的生态主导型企业，构建自主可控产业生态。所谓“生态主导型企业”，就是指那些注重生态环境保护和生态资源合理利用的绿色企业。这类企业通过加大绿色科技创新，优化资源配置，提高资源能源的利用效率，创新绿色生产、营销、管理方式，实现经济、社会、生态、文化效益的最大化。绿色化、智能化的先进制造业将从源头上有效缓解资源环境压力，改变制造业的传统面貌，并引发制造业及其相关产业链的重大变革。这不仅是生态主导型企业的重要组成部分，也是推动新质生产力绿色发展的关键领域。因此，通过加快绿色科技创新，改造传统产业，培育生态主导型企业，发展绿色化、智能化的先进制造业，可以有效推动产业经济体系的绿色转型，实现经济、社会、生态的协调发展。

三、持续修复治理生态环境

生态环境的持续修复和治理不仅是对自然界的一种回馈，更是为新质生产力提供了广阔的发展空间。长期以来，我国在社会主义初级阶段的发展过程中，曾采取了“边污染、边治理”的模式以实现经济的快速增长。这种模式虽然在一定程度上促进了经济增长，但也带来了环境保护与经济发展之间的失衡。

随着新时代的到来，传统的发展模式已不再适应绿色经济发展的客观要求。习近平总书记提出的改善生态环境就是发展生产力这一理念强调了生态环境保护在生产力发展中的基础性作用。

为了实现生态环境的持续修复和治理，需要采取一系列策略。首先，从根源上保护生态环境，大力投入环境修复和重建工作，对受损的生态系统进行系统化、规模化的修复治理，以修复和提升生态系统功能。其次，加大生态保护和环境整治力度，进一步完善和落实生态文明管理和法律制度体系，确保生态文明制度体系的落地生根。在生态环境治理的过程中，构建政府、企业、社会组织和公众等多元主体参与的治理模式至关重要。这种模式能够充分发挥各方优势，形成治理合力，为新质生产力的形成和发展提供更为广阔的成长空间。在中国共产党的领导下，通过多元主体的共同努力，可以实现生态环境的持续改善和新质生产力的快速发展。同时，发挥绿色科技创新推动生态环境修复治理的作用，通过科技创新开发出更多高效、环保的技术和方法，用于污染治理、生态修复和资源循环利用等领域。这不仅有助于解决当前面临的生态环境问题，也能为新质生产力的发展提供技术支持。在全球化的今天，国际合作对于生态环境治理同样重要。通过与其他国家的交流与合作，可以学习借鉴先进的生态环境治理经验和技术，共同应对全球性的生态环境问题。

四、倡导全民绿色生活方式

在当前全球生态环境面临严峻挑战的背景下，新质生产力的绿色发展成为实现经济可持续增长的关键。绿色健康的生活方式作为这一发展的重要组成部分，不仅对环境保护具有积极影响，也对新质生产力的形成和发展起到了推动作用。绿色健康的生活方式是对当前环境问题的积极回应，更是对未来可持续发展的深刻思考，对绿色产品的生产供给提出了更高的要求。“两山”理念的深入人心，体现了人们对生态文明和绿色发展认识的提高。消费需求与生产环节之间存在着密切的联系。虽然生产的初衷是为了满足消费需求，但消费需求同样可以反过来推动生产环节的变革。因此，新质生产力的形成和发展需要人们养成绿色低碳的生活方式，通过生活方式的绿色变革引导生产方式的绿色转型。这需要培养生态自觉与生态价值观。为了实现人与自然的和谐共生，必须摒弃传统的价值观，激发人们的生态自觉。这要求人们在思想意识层面达到与自然和谐共生的目标，培养公民全新的生态价值观，推动生活方式的绿色变革。在推进人与自然和谐共生的现代化进程中，强化生态伦理道德建设是必不可少的。应从居民、企业和政府三个层面规范主体行为，将生态保护理念转化为实际行动，使人与自然生命共同体的理念转化为生态道德行为。必须超越传统理论和实践的局限，以客观规律为基础，尊重、顺应和保护自然。摒弃人类中心主义、片面物质主义和消费主义等观念，以“两个结合”为指引，利用优秀传统文化的创新成果，塑造和教化新时代公民的生态环保理念。

倡导绿色节约的生活方式是实现新质生产力绿色发展的重要途径。这需要人们在日常生活中注重节能减排、资源循环利用等，提高环保意识和参与度。政府、企业和公民个人都应承担起相应的责任，共同推动绿色生活方式的普及和实践。

五、将绿色发展融入社会建设

全社会应将新质生产力的绿色发展视为社会建设的重要组成部分。这不仅是对经济结构的优化，更是对文化教育、社会治理、社会关系协调等方面的全面革新。新质生产力的绿色发展是一个复杂的系统工程，它不仅涉及企业和科技部门，更关乎文化教育、社会治理等全社会的各个方面。构建绿色发展的共同体需要党政部门的组织领导、企业的积极参与以及全社会成员的共同推进。研究新质生产力的绿色发展问题，需要从生产力和生产关系的平衡，以及生产关系和上层建筑的平衡等高度出发。新质生产力的发展不仅是经济绿色转型的动力，也是经济社会全面绿色转型的重要推动力。基于我国经济社会发展现状，我国应走出一条科技先导型、资源节约型、清洁生产型、生态保护型、环境友好型、循环经济型、安全保障型、永续发展型的高质量发展之路。这要求社会将新质生产力绿色发展的成果惠及人民群众，维护其生态权益，并在绿色发展中实现共同富裕。同时，加强社会建设，调动人民群众对新质生产力绿色发展和生态文明建设的积极性、主动性、创造性，从而推动经济社会全面转型。培养人们自觉奉行、倡导和践行绿色生产方式、绿色生活方式和绿色消费方式，为新质生产力的绿色发展奠定坚实的社会基础和群众基础。

总之，新质生产力的核心在于实现经济、社会和环境的协调发展。它强调在尊重自然、顺应自然、保护自然的基础上，通过要素、结构和功能创新，提高资源的利用效率，减少环境污染。这一概念的提出，体现了党和国家对过去发展模式的反思和对未来可持续发展的探索。新质生产力的发展不仅有利于生态环境的保护，更有助于推动经济的长期稳定增长。它体现了人类社会的进步和文明的发展，标志着人类从对自然的征服者转变为与自然和谐共生的伙伴，从单纯追求物质财富转向追求人类和自然的共同繁荣。

第十章　乡村振兴的根本目标：共同富裕

第一节　乡村振兴与共同富裕的关系

一、共同富裕的科学内涵观

共同富裕作为社会主义的核心目标和我国社会主义国家建设的基本原则，深刻体现了社会主义的本质追求和价值导向。它不仅是经济发展的目标，更是社会进步和文明提升的重要标志。共同富裕的实现，要求国家不仅在物质层面上实现全民的丰裕生活，更要在精神层面上实现全民的充实与满足。[137]在探讨共同富裕的内涵时，首先需要明确两个核心关键词："富裕"和"共享"。"富裕"强调的是生活水平的提高，物质财富的积累，以及生活质量的改善；"共享"则侧重于公平正义，强调发展成果应由全体人民共同享有，而非少数人独占。共同富裕的实现，是富裕与共享的有机结合，是在保障社会公平的基础上，实现社会财富的合理分配和利用。

（一）共同富裕要惠及全民

共同富裕作为中国特色社会主义的根本原则和终极目标，其科学内涵在于实现全体人民的全面发展和福祉提升。"共同"这一词汇在共同富裕的理念中占据核心地位，明确指出了富裕的普遍性和包容性，即共同富裕不仅仅是一部分人的富裕，而是要惠及每一个社会成员。共同富裕的实现主体是全体人民，这体现了人民在国家发展中的中心地位。党的十八大报告中明确表述社会主义的本质要求："让人民群众共享发展成果"，这与以人民为中心的发展思想高度一致。[138] 在共同富裕的社会形态中，每个社会成员既是财富的创造者，也是社会发展的推动者。人民群众通过自己的劳动和智慧，参与到社会生产活动中，为创造丰富的物质和精神财富贡献力量。共同富裕的实现需要高度发达的社会生产力作为基础，这要求人们不断推进科技进步和创新，提高生产效率和经济效益，以确保社会财富的持续增长。同时，还需要建立公平合理的分配机制，确保财富的公平分配，让所有人都能享受到社会发展的成果。这不仅是一个经济问题，更是一个社会问题，需要国家在制度设计和政策实施中充分体现社会公平正义。共同富裕的全面性体现在物质和精神两个层面：在物质层面，共同富裕要求国家不断提高人民的生活水平，满足人民日益增长的物质需求；在精神层面，共同富裕要求国家丰富人民的精神文化生活，提高人民的文化素质和审美水平。

（二）共同富裕要兼顾物质生活和精神生活

共同富裕作为中国特色社会主义的核心理念之一，不仅追求物质层面的丰盈，更强调精神层面的充实与提升。共同富裕的实现不仅是物质层面的富足，更在于精神层面的充实与满足。

首先，物质富裕是共同富裕的前提和基础。正如《管子・牧民》中的"仓廪实而知礼节，衣食足而知荣辱"，没有充足的物质条件，精神生活的丰富和提升便无从谈起。改革开放以来，特别是中国共产党成立百年之际，我国脱贫攻坚战取得了全面胜利，标志着全面建成小康社会，为精神生活共同富裕的实现提供了必要的经济条件。其次，精神富裕是共同富裕的重要组成部分。在物质生活水平极大提高的今天，人们对精神生活的需求日益增长。精神生活的富裕不仅包括文化娱乐、教育学习等方面，更涵盖了价值观念、道德情操、心理健康等深层次的精神追求。精神富裕的实现能够为物质发展提供强大的精神动力和思想保障，促进人的全面发展和社会的全面进步。物质富裕与精神富裕相辅相成，协调发展。一方面，物质富裕为精神富裕提供了物质基础和条件保障；另一方面，精神富裕为物质富裕提供了精神动力和价值导向。在推进共同富裕的过程中，要坚持物质文明和精神文明两手抓，两手都要硬，确保物质财富和精神财富的同步增长。当前，随着物质生活的不断丰富，精神生活已经成为人们的自觉追求。然而，社会上仍存在物质生活与精神生活脱节的现象。一些人物质上富有，精神上却十分贫乏，这种现象反映出物质与精神发展之间的失衡。此外，拜金主义、享乐主义、个人主义等不良价值观念的流行，以及“内卷”“躺平”等消极社会现象的出现，都警示人们必须重视精神生活，要加强精神文明建设，引导全社会树立积极向上的价值观念。

（三）共同富裕是在动态过程中的渐进富裕

共同富裕作为中国特色社会主义的根本目标，是一个长期、复杂且充满挑战的历史进程。习近平总书记指出：“我们要实现 14 亿人共同富裕，必须脚踏实地、久久为功，不是所有人都同时富裕，也不是所有地区同时达到一个富裕水准。”[139] 这一论述深刻揭示了共同富裕的科学内涵，即它是一个动态的、分阶段实现的过程，具有长期性和艰巨性。从区域发展的视角来看，共同富裕的实现是一个分步骤、渐进的过程。我国各地区由于地理位置、资源条件、发展基础等因素的差异，经济发展水平和富裕程度存在不均衡。尽管国家在缩小区域发展差距方面取得了显著成就，但区域间的差异依然存在。这就要求在推动共同富裕的过程中，必须充分考虑区域差异，采取差异化的策略，促进区域间的协调发展。从时间发展的维度来看，共同富裕的实现是一个分阶段、逐步推进的过程。在不同的历史时期，根据社会发展的客观规律和实际需要，共同富裕的内涵和要求也在不断发展和丰富。从中华人民共和国成立初期的社会主义现代化强国目标，到改革开放后的一部分人、一部分地区先富起来的政策，再到新时代的全面建设社会主义现代化国家、实现共同富裕的战略安排，共同富裕的实现是一个逐步积累、不断升华的过程。从高质量发展的角度来看，共同富裕的实现是一个从低层次向高层次不断发展的过程。随着经济社会的发展和人民生活水平的提高，人们对生活质量的要求也在不断提升。我国到2035年的发展目标是“全体人民共同富裕迈出坚实步伐”，到2050年的目标是“全体人民共同富裕基本实现，我国人民将享有更加幸福安康的生活”。这两个阶段性的目标生动地说明了推进共同富裕，提升共同富裕质量是一个渐进的过程。

共同富裕的实现，并不意味着所有人、所有地区同时达到同一富裕水平。共同富裕不是简单的平均主义或同等化，而是在普遍富裕的基础上，允许存在合理的差异。

二、共同富裕的特征

（一）继承性与创新性相统一

共同富裕作为中国特色社会主义的核心目标之一，其理论的形成与发展是一个继承与创新相统一的过程。习近平总书记关于共同富裕的观点，既继承了马克思主义经典作家的理论精髓，又吸收了中国历代领导人的智慧成果，并根据时代条件和实践要求进行了创新性发展。共同富裕思想的继承性首先体现在对马克思、恩格斯共同富裕思想的继承上。马克思和恩格斯在著作中深刻阐述了社会主义和共产主义社会实现共同富裕的科学理论基础。这些思想为后来的社会主义建设提供了理论指导和思想武装。[140]其次，共同富裕思想也继承了中国历代领导人的理论探索，特别是改革开放时期，邓小平同志明确指出社会主义的本质是“最终达到共同富裕”。这一阐述不仅明确了社会主义的本质要求，也为后续共同富裕理论与实践的发展奠定了基础。习近平总书记还指出："中国特色社会主义就是要逐步实现全体人民共同富裕。"这一论述深刻揭示了实现共同富裕的路径和方法，即必须坚定不移地走中国特色社会主义道路，通过全面深化改革，推动经济社会持续健康发展，实现全体人民共同富裕。

共同富裕的实现过程，是一个不断创新的过程。在这一过程中，既要继承和发展马克思主义共同富裕的理论，又要结合中国实际，不断探索和实践具有中国特色的共同富裕道路。创新是推动共同富裕实现的动力源泉，只有不断创新，才能使共同富裕的实现更具活力和可持续性。在实践中，共同富裕的创新主要体现在：发展理念和模式的创新、分配制度的创新、社会保障体系的创新、区域协调发展的创新、生态文明建设的创新。总之，只有将继承与创新有机结合起来，才能确保共同富裕的实现既符合社会主义本质要求，又具有中国特色和时代特征。

（二）以实现人民共同富裕为目标

共同富裕的理念深植于中国特色社会主义的核心价值中，其显著特征之一便是以实现人民共同富裕为目标。这不仅体现了以人民为中心的发展思想，更彰显了共同富裕的价值追求和发展目标。共同富裕以全体人民共同富裕为目标，首先表现在其发展取向上。习近平总书记指出国富在于富民，这一论断深刻阐明了国家富裕的真正内涵，即国家的真正富裕在于人民的富裕。共同富裕不是抽象的概念，而是具体体现在人民生活水平的全面提升上。检验共同富裕是否取得成果，人民满意度是重要的衡量标准。其次体现在其价值追求和发展目标上。共同富裕旨在实现人民群众对美好生活的向往，这是其根本目的。习近平总书记强调推进共同富裕要时刻把人民放在心中最高位置。共同富裕的实现，必须紧紧围绕人民的需求和期望，不断满足人民群众在物质、文化、社会等方面的多元化需求。实现共同富裕，需要在具体的方向上多维度满足人民群众的要求。共同富裕的实现，不仅要关注经济的发展，还要关注社会的公平正义，保障人民群众的基本权益，提高人民群众的生活质量。

共同富裕的实现，必须紧紧依靠人民的力量。习近平总书记在党的二十大报告中强调，必须坚持以人民为中心的发展思想，人民是共同富裕的主体，是实现共同富裕道路上的主力军。只有充分发挥人民的主体作用，才能汇聚起实现共同富裕的磅礴力量。共同富裕的成果是人民共享的，共同富裕不是少数人的富裕，而是全体人民的富裕。只有让全体人民共享发展成果，才能真正实现共同富裕。

（三）导向与目标相统一

共同富裕作为中国特色社会主义的根本目标和重要特征，其实现过程体现了导向性与目标性的有机统一。这种统一不仅展现了中国特色社会主义的实践逻辑，也彰显了中国共产党以人民为中心的发展思想。共同富裕的导向性体现在坚持以问题为导向的工作方法上。中国作为一个人口众多的发展中国家，实现全体人民的共同富裕面临着诸多挑战。习近平总书记指出，在实现共同富裕过程中必须始终聚焦社会主要矛盾的解决，以问题为导向，深入分析问题的根源，采取有针对性的措施。共同富裕的目标则体现在对实现全体人民富裕的坚定追求上。新时代背景下，中国社会主要矛盾已经转化为人民日益增长的美好生活需要和不平衡不充分的发展之间的矛盾。习近平总书记强调，要多维度满足人民群众的需求，共同富裕不仅是一个经济目标，更是一个涵盖经济、政治、文化、社会、生态文明等各方面的全面发展目标。共同富裕，需要在实践中探索有效的路径。首先，要深化对不平衡不充分发展问题的认识，找准问题的症结所在。其次，要采取有针对性的措施，如实施乡村振兴战略和区域协调发展战略，解决城乡发展不平衡、区域发展不平衡等问题。再次，要深化改革，加强科技创新，为共同富裕的实现提供新的动力。最后，要适应百年未有之大变局，构建新发展格局，为共同富裕的实现提供有利的外部环境。在实现共同富裕的过程中面临着不少现实挑战。城乡差距、区域差距、收入分配不均等问题依然存在，一些已经脱贫的群体还面临着返贫的风险。这些问题的存在，不仅影响了人民群众的生活质量，也制约了共同富裕的实现进程。因此，必须坚持问题导向，聚焦关键问题和薄弱环节，采取有力措施，推动问题的解决。共同富裕的实现，需要有明确的战略部署和行动计划，必须坚持以问题为导向，准确把握社会主要矛盾，采取有针对性的措施；同时，要明确目标，全面推进经济、政治、文化、社会、生态文明等各方面的发展。

三、乡村振兴与共同富裕的内在关系

共同富裕作为社会主义的本质要求，其实现以社会物质财富的极大丰富为基础。“富裕”是共同富裕的起点，“共同”则是其追求的终极目标。这一目标不仅体现了深厚的价值观和人文关怀，更强调了全民共享发展成果的重要性。中国作为一个农业大国，农民问题始终是党和国家工作的重中之重。历史上，我党通过有效解决农民问题，赢得了革命的胜利。中华人民共和国成立后，党和国家对共同富裕的探索始终与“三农”问题紧密相连。只有切实解决好农业、农村、农民问题，补齐农业发展短板，稳固农业基础，才能实现社会主义现代化强国的目标，实现中华民族伟大复兴。在当前国际形势深刻变化的背景下，加强农业和农村建设，促进农民发展，对于应对国际风险和不确定性至关重要。这不仅有助于构建新发展格局，更是实现全体人民共同富裕的关键举措。

（一）乡村振兴是共同富裕的必然要求

在深入剖析乡村振兴与共同富裕的内在联系时，必须认识到乡村振兴不仅是实现共同富裕的必经之路，更是其必然要求。习近平总书记深刻指出：“中国要强，农业必须强；中国要美，农村必须美；中国要富，农民必须富。”这一论断明确了农业、农村、农民在国家发展中的核心地位，强调了乡村振兴对于实现共同富裕的重要性。全面推进乡村振兴，首先是为了提高低收入群体的收入，实现社会公平正义。我国在建党百年之际，成功完成了全面建成小康社会的发展目标，历史性地解决了绝对贫困问题。然而，当前的小康水平并不高，社会的主要矛盾尚未改变，农村低收入人群依然存在。提高乡村低收入人群的收入，是实现社会公平正义的迫切需求。全面推进乡村振兴，也是坚持以人民为中心的发展思想，促进人的全面发展的必然要求。乡村振兴战略的初心与使命就是满足人民对美好生活的向往，促进人的全面发展。全面推进乡村振兴，还是践行“两山”理论，实现农民农村生态富裕的必然要求。共同富裕不仅要求物质生活的富裕，更强调精神生活的富裕，即在生态文明建设基础上实现人与自然和谐共生的美好生活。在新时代的发展中，乡村振兴与共同富裕相互促进、相得益彰，共同成为中国特色社会主义事业的重要组成部分。

（二）乡村振兴以实现共同富裕为终极目标

“全民要富裕，乡村必振兴”，这一理念凸显了乡村发展对于国家整体繁荣的重要性。缩小城乡差距、解决农民相对贫困问题是实现共同富裕的关键所在，而乡村振兴战略正是应对这些挑战的有效途径。城乡差距的缩小和城乡融合发展是乡村振兴战略的重要目标。长期以来，由于政策倾向和资源配置的不均衡，城乡之间在生产要素流动、收入分配、公共服务等方面存在显著差异。根据国家统计局数据显示，2023 年，城镇居民人均可支配收入 51821 元，农村居民人均可支配收入 21691 元，这一数据直观反映了城乡之间存在较大的发展差距。乡村振兴战略的实施，旨在通过推动城乡一体化和融合发展，实现生产要素和人力资源在城乡间的自由流动，从根本上解决“三农”问题，为共同富裕打下坚实基础。农业作为国民经济的基础，其稳产高效直接关系到农民的收入和农村的稳定。“三农”“三稳”即农业稳产增产、农民稳步增收、农村稳定安宁，是乡村振兴战略的具体体现。通过提升农业现代化水平，不仅可以提高农业生产效率，保障国家粮食安全，还能增加农民收入，促进农村经济的多元化发展。乡村振兴战略还关注农民的全面发展。农民作为乡村振兴的主体，其素质的提升和能力的发展对于乡村经济的繁荣和社会的进步具有决定性影响。通过教育和培训，可以提高农民的科技应用能力和市场竞争力，使他们成为现代农业的推动者和受益者。同时，生态文明建设是乡村振兴战略的重要组成部分。“绿水青山就是金山银山”的理念强调了生态环境保护与经济发展的协调统一。乡村振兴战略通过推广绿色生产方式和生活方式，建设生态宜居的乡村，为农民提供了良好的生态环境，实现了经济发展与生态环境的双赢。乡村振兴战略的实施，对于缩小城乡区域差距、解决多维贫困、实现共同富裕具有深远的意义。党的十八大以来，经过全党全国人民的共同努力，到 2020 年底，我国已成功消除绝对贫困，全面建成小康社会，为全球减贫事业贡献了中国智慧和中国方案。

然而，随着绝对贫困的消除，相对贫困和多维贫困问题逐渐显现，成为乡村振兴面临的新挑战。多维贫困不仅仅指收入水平的不足，更涵盖了教育、健康、住房、生活水平等多个维度。这种贫困的度量更为复杂，需要综合考虑个体在不同生活领域的实际状况。因此，多维贫困的治理也更为复杂，它要求国家从经济、政治、社会、文化、生态等多个角度进行系统改进与发展。乡村振兴战略的实施，为解决多维贫困问题提供了新的思路和方法。首先，乡村振兴着眼于全方位提升农民的幸福感、获得感、参与感、被尊重感，这有助于提高农民的生活质量，增强其对社会发展的参与度和满意度。其次，乡村振兴战略强调从教育资源、政治资源、住房资源、医疗卫生资源、生态资源等多方面公平惠及全体农民，这有助于构建起更加公平的社会资源分配机制，为农民摆脱相对贫困和多维贫困提供支持。在脱贫攻坚战取得胜利后，乡村振兴战略成为推动农村高质量发展、实现共同富裕的重要途径。通过高质量发展，不仅可以做大乡村经济的“蛋糕”，更关键的是要做到合理分配，确保所有农村居民都能公平分享发展成果。这不仅关乎物质富裕，更包括精神和生态环境的富裕，实现全体人民的全面发展和进步。

（三）二者统一于新时代发展中

在新时代的发展征程中，乡村振兴与共同富裕紧密相连，共同构成了推动社会进步的双轮驱动。不同乡村地区在经济、文化、宗教等方面存在差异，这些差异需要得到尊重和恰当处理，是实现乡村振兴、全体人民共同富裕，以及中华民族伟大复兴的必然要求。乡村振兴战略的推进，实现全体人民共同富裕，是推进乡村振兴与共同富裕的重要保障。在这一意识的指引下，促进城乡要素双向流动，形成均衡协调发展的一体化模式，是实现共同富裕的关键。加强自然生态与人文生态保护，传承创新发展乡村优秀传统文化，是增强文化认同、促进团结进步的重要途径。依托乡村优秀传统文化，培育壮大有民族特色的、可持续的新兴产业，既传承发展了优秀传统文化，又增加了当地群众的经济收入。党的十八大以来，生态文明建设被纳入国家发展总体布局，成为“五位一体”的重要组成部分。随着经济进入高质量发展阶段，对生态环境的要求日益提高，生态文明建设的重要性愈发凸显。乡村振兴战略的实施必须与生态文明建设相统一。党的十九大报告强调，要加快生态文明体制改革，建设美丽中国。党的十九届五中全会进一步强调，在全面推进乡村振兴战略中加强乡村建设行动，改善农村人居环境。《农村人居环境整治提升五年行动方案（2021–2025）》的发布，为乡村振兴提供了具体实施路径，旨在通过改善农村环境，推动农业农村现代化，建设美丽中国。共同富裕的实现，不再局限于物质和精神层面，而是扩展到了生态环境领域，形成了“三富裕”的新理念。

在新时代的发展征程中，乡村振兴与共同富裕的内在联系愈发紧密，它们统一于构建新发展格局的伟大实践中。中国正处于社会主义初级阶段的新发展阶段，这一时期被视为中华儿女迎风破浪、重振雄风的重要历史时刻。面对国内外经济发展的新常态和后疫情时代的全球化逆流，国内国际双循环这一战略部署在党的十九届五中全会得到全面强调。全面推进乡村振兴是释放农村内需潜力、扩大居民消费能力、提升农民消费层次的关键举措，是构建超大规模国内市场、实现与国际市场接轨的必然要求。共同富裕的实现需要立足国内实际，集合多元一体的优势，畅通国内大循环，强化国内市场的吸引力和竞争力。在新发展格局下，乡村振兴与共同富裕的战略任务是激活农村市场主体活力，合理配置农村资源要素，增加农民收入，提升农民消费能力。这不仅是构建完整内需体系的着力点，也是新发展格局的强大优势与基石。

第二节　乡村振兴助推共同富裕的逻辑机理

党的十九大明确提出实施乡村振兴战略，并将其纳入党章，标志着乡村振兴的全面推进。乡村振兴战略的核心目标是实现农业农村现代化，其主要方针是坚持农业农村优先发展。该战略的总体要求涉及产业的繁荣、生态环境的宜居性、文明乡风的培育、有效治理的实现以及生活的富裕化，而其最终目标是促进全体人民的共同富裕。

一、乡村产业振兴助推共同富裕

习近平总书记指出产业振兴是乡村振兴的核心。乡村产业是一个以农业农村资源为依托、以农民为主体的产业体系。乡村产业振兴是实现农业农村现代化的关键，是提高农民收入的重要途径，也是城乡融合的重要基础。它不仅能够增强农民的获得感、幸福感和安全感，而且为乡村全面振兴提供了坚实的物质基础和经济保障。乡村产业的壮大发展将推进农村一、二、三产业的融合，为农民持续快速增收提供更多渠道和路径，从而有助于实现全体人民共同富裕。对乡村地区而言，产业振兴尤为关键。这些地区普遍存在城乡二元经济结构，长期的二元经济结构导致乡村地区的产业结构整体发展水平较低，第一产业比重过大且效率不高，第二、三产业尚未得到充分发展。针对乡村地区的特殊性，要想实现长足发展，必须结合当地的特色文化资源、自然资源和农业资源，发展特色经济，实现三大产业的有机融合。打通要素壁垒和交通壁垒，整合产业链，提升产业附加值，将“引进来”与“走出去”战略有机结合，推进产业振兴，促进经济发展。通过努力克服乡村地区的劣势，逐步形成产业的集聚效应，实现巩固拓展脱贫攻坚成果同乡村振兴的有效衔接，为共同富裕提供坚实的支撑。

二、乡村人才振兴助推共同富裕

乡村人才振兴是实现乡村振兴战略的关键，也是推动共同富裕的重要途径。人才是社会经济发展的主体，是创新和发展的动力源泉。2021 年 2 月 23 日，中共中央办公厅和国务院办公厅联合印发的《关于加快推进乡村人才振兴的意见》中明确提出“大力培养本土人才”。同年 4 月 29 日，十三届全国人大常委会第二十八次会议通过的《中华人民共和国乡村振兴促进法》为乡村人才振兴提供了法治支撑和保障。尽管我国在“十三五”期间不断加强人才队伍培养，但乡村高素质人才依旧不足，区域分布不均匀，教育投入与重视程度有待提升[141]，特别是在乡村地区，由于自然条件、交通网络、农业基础设施等因素，乡村人才资源的短缺成为制约乡村发展和农民增收的瓶颈。因此，乡村人才振兴的实施需要坚持以人为本的发展思想，开发乡村本土人才，激发当地人才的潜力，同时引进外来优秀农业科技者。这包括培养懂农业、爱农村、爱农民的“新农人”，他们可以是引进的高技能人才，也可以是新乡贤，或是当地有作为的新青年。通过乡村人才振兴，将人才培育出来、引进来、留下来、聚起来、用起来，为农村发展注入新活力。此外，乡村人才振兴不仅能够提升农民的科学文化素质和思想道德素质，还能使农民成为具有新理念、新思想、新知识、新文化、新精神、新技能、新素质、新能力的新型农民。这样的农民能够更好地发展当地农业，建设美丽乡村，增加个人收入，积极参与到家园建设中，成为共同富裕的参与者、建设者与受益者。因此，乡村人才振兴是实现乡村振兴战略和共同富裕目标的重要途径。通过加强乡村人才的培养和引进，提升农民的素质和能力，可以为乡村一、二、三产业的高质量发展输送高技能实用性人才，推动乡村产业的融合发展，使乡村振兴更具深远意义和长久活力。

三、乡村文化振兴助推共同富裕

文化不仅是社会发展的重要组成部分，更是民族精神的集中体现。在乡村振兴的背景下，乡村文化振兴的实质是挖掘和培养以人民文化需求为导向的乡村文化，以此激发乡村的活力，促进乡土文化的繁荣发展。乡村文化振兴的核心在于传承和发展中华优秀传统文化，建立文化自信与文化认同。同时，通过发展乡土文化，建设充满乡愁的乡村精神家园，赋予乡村特色产业以文化内涵，提升乡村产业的文化品质，满足城乡居民对乡村文化的内在需求。近年来，在党的正确领导下，我国农村精神文明建设取得了显著成效，文化体系逐步完善，文明创建工作有序推进。然而，乡村文化建设在各地区之间存在不均衡现象，特别是部分民族地区乡村文化建设相对滞后。农村公共文化基础设施建设不足，优秀传统文化传承与发展面临困境，基层参与乡村文明建设的积极性不高，这些问题成为乡村文化振兴必须着力解决的难题。针对乡村地区的特殊性，乡村文化振兴应以社会主义核心价值观为引领，充分运用现代科学文化成果加强村风民俗和乡村道德建设，推进移风易俗，形成文明、积极向上的新风尚。乡村文化振兴不仅是乡村地区优秀传统文化的传承与发展，更是乡村居民幸福感的来源，有助于增强乡村居民的文化认同与文化自信，铸牢中华民族共同体意识。乡村文化振兴能够发掘乡村独特文化资源的市场价值，形成特色文化产业，推动乡村地区一、二、三产业融合发展，为当地农民增加物质财富与收入，增强其获得感。乡村文化振兴可以为乡村振兴提供精神动力和文化支撑，为实现共同富裕奠定坚实的文化基础。

四、乡村生态振兴助推共同富裕

乡村生态振兴是实现共同富裕的关键途径，它与生态文明建设紧密相连，对实现中华民族伟大复兴具有重要意义。习近平总书记提出的“两山”理论也强调了生态是共同富裕的基础。生态文明的兴衰与人类文明的发展息息相关，因此，尊重并顺应生态文明的发展规律，将生态文明建设作为国家发展的优先战略，是确保中华民族永续发展的必要条件。乡村生态振兴不仅仅是对农村自然生态系统的保护与修复，更是一种在人与自然和谐共生的基础上发展绿色生态农业和改善农村人居环境的综合性战略。良好的生态环境是农村最大的特色资源，是最公平的公共产品，也是最普惠的民生福祉。

乡村生态振兴的目标是实现乡村的“生态宜居”。通过生态振兴，不仅可以使农村环境优美，还可以在此基础上发展新产业与新业态，实现产业兴、人民富。贯彻绿色发展理念，将乡村绿色发展与生态保护有机统一起来，把生态保护与生态旅游业结合起来，实现“青山绿水”与“金山银山”之间的效能转换，从而实现乡村居民的精神富裕、物质富裕、生态富裕。在乡村地区，“绿水青山”是推动乡村振兴、实现共同富裕的重要法宝。

乡村地区地大物博、资源丰富，拥有丰富的稀有矿产资源和得天独厚的旅游资源。这些自然资源为乡村地区的经济社会发展提供了重要的物质保障。然而，乡村地区的生态环境较脆弱，环境承载能力弱，这成为制约其经济发展的短板。因此，保护生态环境不仅关系到乡村地区自身的经济社会发展，也关系到全国的经济发展，甚至关系到中华民族伟大复兴的实现。

五、乡村组织振兴助推共同富裕

乡村组织振兴是实现乡村振兴战略和共同富裕目标的重要保障。它涉及健全自治、法治、德治相结合的乡村治理体系，为乡村振兴提供强大的组织保障，推进乡村治理现代化，确保农业生产力持续发展、农村社会安定有序、农民安居乐业。基层党组织建设是乡村组织振兴的重要组成部分。习近平总书记强调要把基层党组织建设成为有效实现党的领导的坚强战斗堡垒。基层党组织在乡村建设中发挥着思想引领、桥梁纽带、先锋模范作用，是有序如期实现乡村振兴的内在要求与重要保证。乡村自治组织建设是乡村治理体系的重要组成部分。完善村庄治理机制，调动广大村民的参与性，加强对村民委员会的监督，进一步推进基层治理民主与治理文明，是乡村自治组织建设的重要内容。农村集体经济组织是乡村组织振兴的重要力量，要充分发挥农村集体经济组织的联合运作功能，集中力量办大事，走规模化、专业化道路，从发展农村集体经济组织方面保障农民增产增收，进而推动广大农民共同富裕。另外，乡村社会组织在乡村治理中具有重要作用。应充分发挥社会组织专业性、灵活性、适应性强等优势，协助政府部门参与乡村治理，降低“失灵”风险，凝聚全民共建乡村蓬勃力量。通过基层党组织建设与引领，能增加多元治理主体之间的互动性和合作性，提升乡村治理有效性，增强治理过程民主性，保障乡村治理走上法治化道路，同时不断提升农村合作组织地位，提升农民民主意识，实现乡村治理全过程人民民主。由此可见，乡村组织振兴是实现乡村振兴战略和共同富裕目标的重要保障。通过基层党组织建设、乡村自治组织建设、农村集体经济组织振兴、乡村社会组织振兴等多方面的努力，可以为乡村振兴提供强大的组织保障，推进乡村治理现代化，确保农业生产力水平持续提高、农村社会安定有序、农民安居乐业。

第三节　乡村振兴助推农村共同富裕的路径

一、促进农村产业转型升级

乡村振兴战略的实施为推动农村共同富裕提供了重要路径，其中加强政府宏观调控，促进农村产业转型升级是实现这一目标的关键措施。通过政府的引导和监管，可以有效提升农产品的附加值和市场竞争力，进而实现农民增收和农村经济发展的双重目标。[142] 政府可通过制定一系列针对性的政策措施来推动农村产业的转型升级，包括财税政策、金融支持政策和科技创新政策等，旨在引导农业产业结构的优化和更新。通过减税降费、补贴资金等方式，为农民产业发展提供支持，鼓励农民发展多元化、特色化、高附加值的农业产业。同时，政府还可以加大对农业科技的投入，提供科技创新和技术服务支持。建立科技创新平台，加强与科研机构和高等院校的合作，推动科技成果转化和推广应用，提升农业生产效率和产品质量。

此外，加强产业链条的联动和协调对于促进农村产业转型升级同样重要。政府可以引导和促进农民合作社、龙头企业与农产品加工、物流企业的合作，构建完善的农产品生产、加工、流通、销售的产业链条，实现不同环节间的协同发展，提高农产品质量和市场竞争力。

支持农村电商等新兴业态的发展，也是拓宽农产品销售渠道、增加农民收入来源的有效途径。政府可以通过政策扶持和资金投入，鼓励农村电商的发展，利用互联网平台拓展销售市场，提高农产品的销售效率和利润空间。

二、重视并解决土地问题

土地作为农村核心的生产要素，其合理利用与有效管理对于农民的收入和生活质量具有决定性影响。因此，重视土地问题，强化共同富裕的基础，是实现乡村振兴战略的关键路径之一。

当前，农村土地制度面临集体经营性建设用地征收补偿、土地承包经营权流转等一系列问题。深化农村土地制度改革，确保土地使用权的明确归属和流转市场的规范运行，是夯实共同富裕基础的首要任务。这不仅涉及维护农民的土地权益，更关乎农业的可持续发展和农村经济的稳定增长。土地流转机制的建设对于提高农民土地流转的收益和效率至关重要。政府要制定和完善土地流转的操作规程，为农民提供咨询、评估、合同管理等服务，确保土地流转合法、公平、有序进行。同时，要加强对土地流转的监管，防止流转过程中的不正当行为和权益损害，保障农民的土地权益。加强土地资源的可持续利用和保护，是实现农业产业绿色化、可持续发展的重要途径。通过推广节约用地和高效用地的理念，提高土地的利用效率和资源利用效益。政府可以加大对农业科技研发和示范推广的投入，推动农民采用先进的农业技术和管理模式，从而实现农业产业的转型升级。

三、加强农村金融扶持

农村金融不仅为农民提供了资金支持，更为农业产业的发展和农村经济的繁荣提供了动力。政府应加强对农村金融机构的支持，通过设立专门机构或增加对现有机构的补贴，激励其增加对农村的信贷投放。此外，还要推动农村金融和信用体系建设，解决农业发展中的资金问题，提供优惠政策以降低农村金融机构的运营成本，引导其提供更多样化、更便捷的金融服务。金融服务的提供应基于农民的实际需求，开发更多适合农村经济特点的金融产品，如农业生产贷款、农业保险、农村信用担保等，为农民提供必要的资金支持和风险保障。同时，完善农村金融服务网络，建立更多的金融服务点，提供便捷的金融服务。政府应加大对农民金融技能培训的支持力度，提高农民的金融管理能力和创新能力。这不仅有助于农民更好地利用金融资源，还能增强他们的风险应对能力和市场竞争力。同时，为保障金融市场的健康稳定运行，政府应加强对农村金融市场的监管。加大打击非法集资的力度，保护农民权益，减少金融风险和损失，提高市场的透明度和稳定性。

四、培养农村人才

乡村振兴战略的深入实施，旨在推动农村经济的全面发展和农民的共同富裕。在这一进程中，人才的作用至关重要。他们不仅拥有丰富的农业知识，更具备专业技能，对提升农业生产效率、推动农村产业发展和创新发挥着关键作用。政府应加大对农业科技教育和培训的投入，提升农民的科技创新能力和管理水平。通过设立补贴津贴等激励措施，吸引优秀农村青年回乡创业，投身农村经济发展，加强与高校、科研机构的合作，引导他们开展农村发展实践和科技创新，为农村经济提供智力支持。同时，政府应加大对农村基础设施建设的投资，提供良好的交通、通信、水利等公共服务，改善农村生产和生活环境，以吸引外来人才。此外，加强对农村产业发展的支持，鼓励农民参与和创新农业科技、农业生产、农产品加工等领域。提供土地承包、住房补贴等政策支持，为农村人才创造良好的创业和生活条件。政府应积极组织农村人才的交流活动和学习培训，促进他们之间的互动和合作。建立农业专家咨询团队，为农村人才提供专业指导和支持，帮助他们解决实际问题，促进农村经济的创新和发展。

五、推进基础设施建设

交通设施作为连接农村与外界的重要纽带，其建设与改善对于提高农村地区的交通便利度至关重要。政府应加大对农村公路、干线公路和农村公交等交通设施的投资，进而促进农产品的流通和农民收入的提升。优质的供水、供电和能源设施是农村生产和生活的基础。政府应增加对农村供水和治理、电网建设和可再生能源开发利用的投资与支持，确保农村地区的供水供电稳定可靠，为现代农业发展和农民生活改善提供坚实基础。加强农村教育设施建设，如学校和职业培训机构，是培养农村人才、推动农村经济发展的关键。政府需将农村教育发展置于优先位置，通过提升教育质量和完善教育设施建设，为乡村振兴提供人才支撑。此外，数字农村基础设施的建设能够提升农村生产、管理和服务的智能化水平，推动农村产业的升级和经济的现代化发展。政府应增加对数字农村基础设施的投资和支持，提供政策扶持和激励措施，促进数字农村建设与乡村振兴战略的深度融合。

参考文献

[1] 徐政，张姣玉 . 新发展格局下大力发展新质生产力：价值指向与路径方向 [J]. 四川师范大学学报（社会科学版），2024，51（4）：72-80，201-202.

[2] 杨小冬 . 文旅融合赋能乡村振兴的机制与路径 [J]. 人民论坛，2022（24）：81-83.

[3] 王静华，刘人境 . 乡村振兴的新质生产力驱动逻辑及路径 [J]. 深圳大学学报（人文社会科学版），2024，41（2）：16-24.

[4] 徐忠爱 . 二元经济结构转型产业融合与消费提升 [J]. 经济与社会发展，2003（12）：60-62.

[5] 李美云 . 国外产业融合研究新进展 [J]. 外国经济与管理，2005（12）：12-20，27.

[6] 刘崇献，孙静，张嘉豪，等 . 大运河沿线省市文旅商产业融合发展研究：基于耦合协调、时空演进与发展路径分析 [J]. 资源开发与市场，2024，40（6）：935-945.

[7] 黄曼，庄晋财，孙泽南 . 城乡要素共生与乡村产业融合发展：基于依存条件和影响效应的多案例研究 [J]. 中国软科学，2024（6）：101-110.

[8] 颜华，董富强 . 乡村产业融合如何影响农村人居环境治理绩效？：基于集体行动视角的考察 [J]. 农业现代化研究，2024，45（3）：455-465.

[9] 李杏，戴一鑫 . 新发展阶段提升我国新质生产力的创新战略 [J]. 江苏社会科学，2024（3）：149-158，243-244.

[10] 焦勇，齐梅霞 . 数字经济赋能新质生产力发展 [J]. 经济与管理评论，

2024，40（3）：17–30.

[11] 孙志远 . 数字新质生产力对城乡高质量融合的影响与机制 [J]. 中国流通经济，2024，38（5）：28–40.

[12] 陈钰莹 . 农村产业融合、县域创业活动与农民增收 [J]. 山西财经大学学报，2024，46（5）：73–83.

[13] 李泓伯，陈政，张海兵 . 农村一二三产业融合发展的现实困境与推进路径研究 [J]. 农业经济，2024（57）：122–123.

[14] 徐伟祁，柳松，谭卓敏，等 . 数字普惠金融赋能农村产业融合：内在机制与门槛效应 [J]. 金融理论与实践，2024（2）：75–84.

[15] 明庆忠，闫昕，刘宏芳 . 旅游新质生产力发展：为何、如何、何为 [J]. 四川旅游学院学报，2024（4）：1–7.

[16] 郭东，李琳 . 以融合促振兴：县域城乡产业融合对共同富裕的影响研究 [J]. 华中农业大学学报（社会科学版），2024（3）：51–66.

[17] 李东民，郭文 . 新质生产力的丰富内涵、生成逻辑与当代意蕴 [J]. 技术经济与管理研究，2024（4）：8–13.

[18] 陈鋆鹏，谢帮生，周子渭，等 . 数字乡村建设是否推动了农村产业融合：基于双重机器学习的因果推断 [J]. 金融与经济，2024（5）：60–70.

[19] 周伟民 . 文旅融合构成苏州绝妙风景 [N]. 中国旅游报，2009–11–30（13）.

[20] 王小颖 . 文旅产业互动融合发展战略与系统研究 [J]. 现代商贸工业，2010，22（23）：166–167.

[21] 赵慧芳 . 转型期晋中市文旅产业深度融合管理研究 [J]. 企业导报，2014（5）：112，114.

[22] 何一民 . 推进长江沿江城市文旅融合与旅游业转型升级的思考 [J]. 中华文化论坛，2016（4）：15–21.

[23] 熊正贤 . 文旅融合的特征分析与实践路径研究：以重庆涪陵为例 [J]. 长江师范学院学报，2017，33（6）：38–45，141.

[24] 冯健．“文旅融合”该从何处着手[J]. 人民论坛，2018（32）：86–87.

[25] 李先跃．中国文化产业与旅游产业融合研究进展及趋势：基于Citespace计量分析[J]. 经济地理，2019，39（12）：212–220，229.

[26] 邢博，谢丁丁，李诗韩，等．增强文化自信与推动旅游业高质量发展：文旅融合实践与研究进展[J]. 社会科学前沿，2022，11（12）：5056–5067.

[27] 李晶，任子蓓，赵瑞卿，等．基于资源驱动视角的农文旅融合发展助力河北乡村振兴研究[J]. 可持续发展，2023，13（2）：516–523.

[28] 宋子千．以农文旅深度融合助力乡村振兴[N]. 光明日报，2023–11–08（5）.

[29] 李冠源，李冬娜．文旅融合下乡村红色文化旅游发展路径探究[J]. 云南农业大学学报（社会科学），2024，18（3）：71–77.

[30] 何自力．新质生产力理论的科学内涵和时代意义[J]. 中国高校社会科学，2024（3）：4–14，157.

[31] 曾晨，李跃华．系统哲学视域下新质生产力的构成要素与生成进路[J]. 党政研究，2024（4）：23–36，124–125.

[32] 胡筱萌．新质生产力视角下高职院校产教融合共同体建设之逻辑与路径[J]. 航海教育研究，2024，41（3）：23–30.

[33] 刘洋，李浩源．新质生产力赋能高质量发展的逻辑理路、关键着力点与实践路径[J]. 经济问题，2024（8）：11–18，129.

[34] 郭凯明，罗章权，杭静．中国劳动生产率的国际比较与远景展望（1992—2035）[J]. 经济学（季刊），2023，23（6）：2194–2212.

[35] 周文，李雪艳．加快形成与新质生产力相适应的新型生产关系：理论逻辑与现实路径[J]. 政治经济学评论，2024，15（4）：84–99.

[36] 康凤云，邹生根．深刻把握新质生产力的科学内涵、鲜明特征与培育路径[N]. 光明网，2024–05–24（6）.

[37] 周昊天，段小梅．新质生产力赋能绿色贸易高质量发展：内在逻辑、

现实困境与实施路径 [J]. 价格月刊，2024（9）：60–69.

[38] 祝丹枫，李宇坤，李摇琴 . 供应链创新驱动经济高质量发展的理论内涵与现实路径 [J]. 经济学家，2022（10）：74–83.

[39] 陈庆庆 . 高水平制度型开放如何影响新质生产力发展？：基于自贸试验区制度创新的视角 [J]. 新疆社会科学 ,2024(5):55–73，181.

[40] 刘海春，赵杰 . 新质生产力的生态哲学之维 [J]. 学术研究，2024（6）：16–23，177.

[41] 施文华，戴建华 . 新质生产力赋能经济高质量发展：理论逻辑、作用机制与推进路径 [J]. 成都师范学院学报，2024，40（4）：116–124.

[42] 李学彦 , 洪祥麟 . 结构性货币政策与新质生产力：理论、机制和建议 [J]. 中国矿业大学学报 (社会科学版),2024,26(5):67–78.

[43] 葛纯宝，徐小云，杨洲，等 . 新质生产力科学内涵、典型特征与高质量发展 [J]. 中国商论，2024（12）：24–27.

[44] 曹凡，王雪莹 . 激活参与主体积极性 大力实施乡村振兴战略 [J]. 活力，2023，41（24）：166–168.

[45] 胡庭明，任莉莉 . 旅游驱动乡村治理对提升欠发达地区共同富裕水平的影响：基于广西欠发达县域数据的研究 [J]. 广西职业技术学院学报，2024，17（4）：23–31.

[46] 马婷婷，蒲利利 . 乡村旅游运营模式的创新研究 [J]. 农村经济与科技，2024，35（9）：112–116.

[47] 卡斯木，徐澜涛 . 基于扎根理论的乡村旅游发展影响因素与内在机理研究：以布依鲁克村为例 [J]. 内蒙古科技与经济，2024（9）：76–81，86.

[48] 李龙，李岚，陈钰 . 文旅融合赋能乡村旅游业高质量发展 [J]. 对外经贸，2024（7）：56–60.

[49] 赵培，郭俊华 . 农文旅融合赋能农业农村现代化的运营模式与实践路径：基于三个典型村庄的案例研究 [J]. 农村经济，2024（6）：132–142.

[50] 张奇男，董芹芹 . 乡村振兴战略下体旅融合发展：理论基础、现状及

举措 [J]. 体育文化导刊，2023（11）：7–13.
[51] 王玉香，王宝庆，杨国利 . 乡村振兴战略下旅游高质量发展研究：以淄博市乡村旅游为例 [J]. 北方经贸，2024（6）：157–160.
[52] 宋杰，高奎亭 . 体育文化赋能农民身体素养的逻辑关联与路径探索 [J]. 中国体育科技，2024，60（5）：90–97.
[53] 文平，肖华 . 数字经济赋能河南乡村旅游发展研究 [J]. 三门峡职业技术学院学报，2024，23（2）：81–86.
[54] 郭威威，马永祥，陈晓慧 . 甘肃革命老区文旅产业发展探析 [J]. 合作经济与科技，2024（7）：41–43.
[55] 冯学钢 . 探索地方文旅高质量融合发展的创新路径 [J]. 人民论坛，2024（7）：99–103.
[56] 陈晓丽 . 乡村旅游信息化建设与智慧旅游融合发展研究 [J]. 西部旅游，2024（7）：27–29.
[57] 熊乐佳，董坚峰 . 基于大数据的乡村旅游治理路径研究 [J]. 农业与技术，2024，44（13）：164–167.
[58] 倪子杰 . 徽文化视域下绩溪乡村旅游发展的路径研究 [J]. 甘肃农业，2024（2）：89–92.
[59] 柴赋 . 虚拟现实技术在旅游业中的应用研究 [J]. 承德石油高等专科学校学报，2024，26（2）：78–80.
[60] 韩冬雪，符越 . 高质量绿色发展助力乡村振兴的现状及路径研究 [J]. 农业经济，2023（3）：21–23.
[61] 张波，白丽媛 . 基于“两山”理论的乡村旅游高质量发展研究 [J]. 北京联合大学学报（人文社会科学版），2024，22（4）：55–64.
[62] 张鹭芳，林宇航 . 以数字经济赋能乡村振兴的路径探索：以漳州市长泰区为例 [J]. 基层农技推广，2024，12（5）：66–68.
[63] 邵妍，巩书行 . 乡村振兴战略背景下乡村旅游经济高质量发展路径研究：以齐齐哈尔市为例 [J]. 长春大学学报，2024，34（7）：5–9.
[64] 卢豆，陈帅 . 乡村旅游与乡村振兴之间协同发展策略探索 [J]. 山东农

业工程学院学报，2024，41（6）：25–29.

[65] 谭萍 . 文旅“火”起来 乡村“活”起来 [J]. 村委主任，2024（8）：106–108.

[66] 翁畅平，李景成 . 乡村振兴背景下农家书屋文旅融合研究：以大别山区 G 镇四景点农家书屋为例 [J]. 安徽农业科学，2024，52（13）：254–257，269.

[67] 郑曼曼 . 乡村旅游高质量发展的价值意蕴、现实困境与突破路径 [J]. 中南农业科技，2024，45（6）：174–178，197.

[68] 邓小海 . 以乡村旅游高质量发展助推乡村全面振兴 [N]. 贵州日报，2024–04–03（7）.

[69] 黄炜，陈乐，肖露露 . 乡村自驾游目的地选择偏好影响因素研究 [J]. 吉首大学学报（社会科学版），2022，43（6）：80–91.

[70] 刘晓丹 . 乡村旅游市场营销的创新路径及模式研究 [J]. 西部旅游，2023（7）：91–93.

[71] 李坪霏 . 吉林省青年人才参与乡村振兴的实践路径研究 [J]. 现代商贸工业，2024，45（15）：117–119.

[72] 侯万锋 . 国家治理视野下的乡村情感治理：维度、困境与进路 [J]. 甘肃社会科学，2024（2）：101–108.

[73] 何慧，郑霖豪，任羽卓 . 人文经济引领新时代乡村振兴：理论逻辑、现实挑战和实现路径 [J]. 价格理论与实践，2023（10）：52–55，157.

[74] 丁海涛 . 习近平文化思想引领新时代乡村文化振兴的三重维度与实践路向 [J]. 北方民族大学学报，2024（4）：23–30.

[75] 陆岷峰 . 中国式现代化中的新质生产力与乡村振兴融合创新政策研究 [J]. 河南社会科学，2024，32（8）：10–19.

[76] 马婧杰 . 自媒体时代我国乡村旅游国际营销模式构建 [J]. 社会科学家，2020（12）：49–53.

[77] 鹿风芍，齐鹏 . 乡村振兴战略中美丽乡村建设优化策略研究 [J]. 理论

学刊，2020（6）：141–150.
[78] 何茂，高会军 . 广西少数民族传统体育文化竞争力提升策略研究 [J]. 广西社会科学，2016（5）：16–21.
[79] 马红梅，高倩 . 中国式现代化与乡村文化振兴路径研究：基于文化传播视角 [J]. 中国出版，2023（20）：55–60.
[80] 梁爱强，卢怡好 . 乡村文化振兴：价值意蕴、现实困境与实践进路 [J]. 河南科技大学学报（社会科学版），2024，42（4）：1–5.
[81] 李志忠 . 共同富裕背景下温州乡村文化的建设情况及发展策略 [J]. 中南农业科技，2024，45（6）：186–189.
[82] 郝勤伟 . 乡村振兴战略视域下乡村文化建设研究 [J]. 智慧农业导刊，2024，4（1）：193–196.
[83] 尹章池，曾法清 . 可供性视角下网络音频传播乡村文化的创新实践：以喜马拉雅为例 [J]. 新闻传播，2023（24）：15–17.
[84] 侯洁 . 文旅新质生产力从哪里来到哪里去 [J]. 今日国土，2024（5）：19–21.
[85] 刘沛林，徐硕 . 文旅新质生产力：内涵审视、支撑向度与实践路径 [J]. 旅游导刊，2024，8（3）：34–47.
[86] 于爽，宋正刚 ."五链"融合赋能天津文旅新质生产力高质量发展：基于创新营销视角 [J]. 商业经济，2024（8）：67–70.
[87] 杨勇 . 旅游新质生产力：供需特质、创新取向与新旧之辨 [J]. 旅游导刊，2024，8（3）：48–57.
[88] 赵振楠 . 新发展格局下我国文化旅游产业链优化升级研究 [J]. 中国民族博览，2024（7）：83–85.
[89] 余正勇 . 旅游业新质生产力：概念内涵、价值意蕴及培育路径 [J]. 燕山大学学报（哲学社会科学版），2024，25（4）：61–68，96.
[90] 宋长善 . 从"看景"到"入景"：沉浸式文旅新业态兴起的市场逻辑与高质量发展路径 [J]. 西部旅游，2024（7）：18–20.
[91] 何红，拓守恒 . 数字经济驱动旅游产业高质量发展的作用机理与耦合

协调关系：基于西北五省的实证 [J]. 统计与决策，2023，39（20）：78–83.

[92] 吴承忠，徐竹嫣 . 中国文化市场政策的变迁与演进：基于 1988—2021 年政策文本的分析 [J]. 首都师范大学学报（社会科学版），2024（2）：67–78.

[93] 牟莲新 . 智慧旅游发展中的数字技术创新与挑战分析 [J]. 旅游与摄影，2024（2）：4–6.

[94] 李相星，李瑾 . 传统文化 IP 在文旅产业发展中的应用 [N]. 河南经济报，2024–04–04（10）.

[95] 吴晗 . 数智时代海南高职旅游人才数字能力培养问题及对策研究：以三亚航空旅游职业学院为例 [D]. 三亚：海南热带海洋学院，2024.

[96] 陈浩，宋科，刘闪，等 . 元宇宙视域下虚拟旅游助力张家界旅游业发展探究 [J]. 旅游与摄影，2023（10）：4–6.

[97] 殷瑞阳 . 西部地区交通网络与旅游强度耦合协调研究 [D]. 济南：山东师范大学，2024.

[98] 厉新建，宋昌耀，张安妮 . 旅游业新质生产力：难点与方向 [J]. 旅游导刊，2024，8（3）：23–33.

[99] 王珂，王馨玉 ."旅游 +"蓬勃发展，新场景精彩纷呈 [N]. 人民日报，2024–08–07（18）.

[100] 王帆 . 文旅融合背景下乡村创意休闲旅游产业发展策略研究 [J]. 中国民族博览，2023（23）：78–80.

[101] 汤静，侯华怡，杨友宝 . 公平感知会影响旅游地居民的环境责任行为吗？：基于西江千户苗寨的实证研究 [J]. 中南林业科技大学学报（社会科学版），2024，18（2）：83–92.

[102] 张芳方，唐玉藏 . 浙江省数智化旅游服务贸易国际竞争力提升研究 [J]. 中国市场，2024（16）：13–16.

[103] 王琼，杨德才 . 新质生产力赋能文化和旅游产业高质量发展的逻辑机理、现实挑战与实践路径 [J]. 南京社会科学，2024（7）：152–160.

[104] 廖粤生，颜照坤，王先亮 . 中国式现代化进程中体育旅游产业高质量发展的生成逻辑、问题检视与实践进路 [J]. 社会科学家，2024（4）：69–78.

[105] 王虹，何洋，胡长伟 . 全域旅游与乡村振兴的耦合分析及长效协调机制探索研究 [J]. 农业经济，2024（2）：141–142.

[106] 张建涛，高宁，秦思源 . 城乡融合背景下乡村旅游重点村发展模式研究：以抚顺市赫图阿拉村为例 [J]. 大众科技，2024，26（1）：142–145.

[107] 罗江枫 . 乡村旅游环境保护理念与经济可持续发展研究 [J]. 环境科学与管理，2021，46（8）：160–163.

[108] 程明会，林秀治 . 乡村旅游与乡村文化振兴耦合协调发展分析 [J]. 台湾农业探索，2022（1）：34–39.

[109] 朱海艳 . 陕北地区文化旅游与乡村振兴耦合发展研究 [J]. 榆林学院学报，2022，32（2）：110–115.

[110] 李为，季祖强，林津 . 乡村旅游高质量发展与乡村振兴的耦合效应及其驱动机制研究：以湖南省为例（英文）[J].Journal of Resources and Ecology，2024，15（3）：541–553.

[111] 马啸东，马长发 . 乡村振兴与乡村旅游发展系统耦合机制的研究 [J]. 农业技术与装备，2021（3）：33–36，38.

[112] 张妍，潘彦洁，郑力 . 乡村振兴战略下丹凤县文化产业与旅游产业耦合发展研究 [J]. 辽宁农业科学，2022（4）：19–24.

[113] 关景灵 . 乡村振兴战略背景下贺州文化旅游发展研究 [J]. 贺州学院学报，2023，39（3）：123–129.

[114] 李文杰，楼一蕾 . 乡村振兴战略背景下浙江茶文化旅游发展模式与提升路径：以浙江临安为例 [J]. 中国茶叶，2022，44（10）：60–64.

[115] 周双双 . 渝南黔北地区文化旅游与乡村振兴耦合发展研究 [J]. 经济研究导刊，2024（8）：31–34.

[116] 王蓉，欧阳红，代美玲，等 . 旅游地可持续生计：国际研究进展评述

及其对中国的启示 [J]. 人文地理，2022，37（4）：10–21.

[117] 周玲强 .“旅游人民性”视域下乡村旅游的转型突破 [J]. 社会科学家，2023，（11）：8–12.

[118] 李昊祯 . 乡村振兴战略下脱贫农户生计可持续研究 [J]. 合作经济与科技，2024，（19）：157–159.

[119] 张志明，陈海鹰，戴健驰，等 . 乡村旅游地生计路径演化过程与机理分析：以海口龙鳞村为例 [J]. 旅游学刊，2023，38（7）：97–112.

[120] 蔡晓梅，曹婧，刘俊 . 拼装理论在人文地理学研究中的应用与展望 [J]. 地理学报，2022，77（10）：2633–2649.

[121] 陈宝华 . 乡村振兴背景下农民从事乡村旅游创业的实现路径探究 [J]. 农业技术与装备，2024（6）：90–92.

[122] 蒋亚军，郭玉，王甫园，等 . 民族旅游村寨农民社会网络对社区参与的影响研究 [J]. 地理与地理信息科学，2024，40（4）：134–140，152.

[123] 申作光 . 乡村振兴背景下大学生返乡创业现状及对策研究 [J]. 山西农经，2024（14）：179–181.

[124] 龙飞，周明珠，王润 . 创客主体视角下平谷区东高村镇乡村旅游发展 [J]. 北京农学院学报，2024，39（3）：98–102.

[125] 张治港，陈前利，阿布都热合曼·阿布迪克然木，等 . 乡村旅游发展中农户增收影响因素分析 [J]. 安徽农学通报，2024，30（7）：132–136.

[126] 黄志毅，南曙光 . 旅游发展、交通基础设施与农民增收的动态关联研究：以湖北省“襄十随神”区域为例 [J]. 湖北文理学院学报，2024，45（2）：52–59.

[127] 刘婷，贾强 . 旅游业发展对农民收入的增长效应研究：基于新疆 14 个地州市 2013—2020 年面板数据 [J]. 安徽农业科学，2024，52（6）：209–213.

[128] 刘荣，许建波，王露露，等 . 参与旅游对农户生计脆弱性的影响机制 [J]. 西北大学学报（自然科学版），2024，54（4）：650–664.

[129] 潘玉兰，李先东，王真．乡村旅游对农户生计韧性的影响研究：以贵州紫云县为例 [J]. 安顺学院学报，2024，26（3）：44–48.

[130] 左文超，胡北明．乡村振兴背景下乡村旅游社区共生关系分析及重构：基于贵州天龙屯堡旅游社区的个案研究 [J]. 四川师范大学学报（社会科学版），2024，51（2）：83–92，202–203.

[131] 周宏春．“新质生产力就是绿色生产力”的内涵特征与产业载体 [J]. 生态经济，2024，40（7）：13–19.

[132] 赵晓宇，张丽．新质生产力的绿色阐释 [J]. 晋阳学刊，2024（4）：87–93.

[133] 韩庆祥．以新发展理念引领发展 [N]. 经济日报 ,2016–10–27（10）.

[134] 汪晓东，刘毅，林小溪．让绿水青山造福人民泽被子孙：习近平总书记关于生态文明建设重要论述综述 [N]. 人民日报，2021–06–03（1）.

[135] 白雪．推进绿色循环低碳路径 推动经济高质量发展 [N]. 中国经济导报 ,2020–11–06（5）.

[136] 丁焰章．助力新能源高质量发展 [N]. 人民日报，2024–04–24（9）.

[137] 赵浣娜．共同富裕背景下浙江省松阳县文旅产业融合发展研究 [D]. 桂林：广西师范大学，2023.

[138] 李冰．习近平关于共同富裕重要论述研究 [D]. 牡丹江：牡丹江师范学院，2024.

[139] 杨明伟．共同富裕理论不断深化的逻辑：贯穿在党的二十大报告中的本质要求 [J]. 经济社会体制比较，2023（1）：1–9.

[140] 夏雨．习近平共同富裕观及其时代价值研究 [D]. 牡丹江：牡丹江师范学院，2024.

[141] 尹凤茗．共同富裕目标下乡村振兴理论与实践研究 [D]. 成都：西南民族大学，2023.

[142] 张音音．乡村振兴助推农村共同富裕的价值内核、道路羁绊与应然路径 [J]. 农业经济，2024（7）：41–44.